Saberes docentes para a inclusão do aluno com deficiência visual em aulas de Física

FUNDAÇÃO EDITORA DA UNESP

Presidente do Conselho Curador
Herman Jacobus Cornelis Voorwald

Diretor-Presidente
José Castilho Marques Neto

Editor Executivo
Jézio Hernani Bomfim Gutierre

Conselho Editorial Acadêmico
Alberto Tsuyoshi Ikeda
Áureo Busetto
Célia Aparecida Ferreira Tolentino
Eda Maria Góes
Elisabete Maniglia
Elisabeth Criscuolo Urbinati
Ildeberto Muniz de Almeida
Maria de Lourdes Ortiz Gandini Baldan
Nilson Ghirardello
Vicente Pleitez

Editores Assistentes
Anderson Nobara
Fabiana Mioto
Jorge Pereira Filho

EDER PIRES DE CAMARGO

SABERES DOCENTES PARA A INCLUSÃO DO ALUNO COM DEFICIÊNCIA VISUAL EM AULAS DE FÍSICA

© 2012 Editora UNESP

Direitos de publicação reservados à:
Fundação Editora da UNESP (FEU)
Praça da Sé, 108
01001-900 – São Paulo – SP
Tel.: (0xx11) 3242-7171
Fax: (0xx11) 3242-7172
www.editoraunesp.com.br
feu@editora.unesp.br

CIP – Brasil. Catalogação na fonte
Sindicato Nacional dos Editores de Livros, RJ

C176e

Camargo, Eder Pires de
  Saberes docentes para a inclusão do aluno com deficiência visual em aulas de Física / Eder Pires de Camargo. São Paulo: Editora Unesp, 2012.
  il.

Inclui bibliografia
ISBN 978-85-393-0353-3

1. Física – Estudo e ensino. 2. Disciplinas escolares. 3. Deficientes visuais – Educação. 3. Inclusão escolar. 4. Professores de Física – Formação. 5. Prática de ensino. I. Título.

12-6201   CDD: 372.86
                                           CDU: 372.86

Este livro é publicado pelo projeto Edição de Textos de Docentes e Pós-Graduados da UNESP – Pró-Reitoria de Pós-Graduação da UNESP (PROPG) / Fundação Editora da UNESP (FEU)

Editora afiliada:

Aos amigos Mariana e Rafael.
Às avós Maria José Vieira Camargo e Maria Aparecida Mineto Toniões.
À minha esposa e grande amor Lucimara Aparecida dos Reis de Camargo.
Ao meu enteado, o amigo Gabriel Reis de Carvalho.
À minha mãe, Elisabete Maria Toniões de Camargo.
Ao meu pai, Elio Pires de Camargo.
À minha irmã, Erica Camargo Tomazi.
Ao meu irmão, Elio Pires de Camargo Júnior.
À minha sobrinha, Marina Isabel Camargo Tomazi,
um anjo enviado por Deus para nossa família.
Aos avôs José Toniões Filho e Enoch Pires de Camargo (in memoriam).
Aos tios, José Carlos Moreli e Antónia Camargo Moreli.
Ao Lar Escola Santa Luzia para cegos da cidade de Bauru.

AGRADECIMENTOS

Ao professor Roberto Nardi, que supervisionou a etapa de coleta de dados da pesquisa que originou este livro.

À Fundação de Amparo à Pesquisa do Estado de São Paulo (Fapesp), que apoiou a constituição de dados da pesquisa mencionada.

Ao Colégio Técnico Industrial Prof. Isaac Portal Roldán e à Escola Estadual Mercedes P. Bueno, que sempre apoiaram a realização do projeto que originou este livro.

À Diretoria de Ensino da Região de Bauru.

Aos formandos em licenciatura em Física da Unesp, *campus* de Bauru do ano 2005.

Ao Programa de Pós-Graduação em Educação para a Ciência e aos Departamentos de Física e Educação da Unesp, *campus* de Bauru.

Ao Departamento de Física e Química da Unesp, *campus* de Ilha Solteira.

Ao meu cunhado José António Tomazi, que pacientemente levava-me de carro para a realização da investigação.

Ao meu tio Saulo Pires de Camargo, que escaneou vários livros para que eu pudesse lê-los e constituir o referencial teórico do livro.

À professora Lizete de Carvalho, pelos ricos ensinamentos.

Aos meus orientandos e colegas do grupo Ensino de Ciências e Inclusão Escolar (Encine).

Crer e não crer são atos de fé. Optei em crer no Eterno.

Presto-lhe louvor, pois, ele nunca me desamparou.

Nos momentos difíceis me carrega em seu colo.

Nos momentos de alegria caminho ao seu lado.

SUMÁRIO

Apresentação   13

Introdução   15

1   Objetivos da pesquisa e retomada
dos saberes docentes para o ensino de Física   23

2   Constituição, organização e tratamento analítico
dos dados: um modelo formativo para a prática inclusiva
de Física no contexto da deficiência visual   31

3   A comunicação e os contextos comunicativos
como categorias de análise   39

4   Panorama das dificuldades e viabilidades
para a inclusão do aluno com deficiência visual
em aulas de Óptica   57

5   Panorama das dificuldades e viabilidades
para a inclusão do aluno com deficiência visual
em aulas de Eletromagnetismo   95

6   Panorama das dificuldades e viabilidades para a inclusão do
aluno com deficiência visual em aulas de Mecânica   137

7   Panorama das dificuldades e viabilidades para a inclusão do
aluno com deficiência visual em aulas de Termologia   175

12 EDER PIRES DE CAMARGO

8 Panorama das dificuldades e viabilidades
para a inclusão do aluno com deficiência visual
em aulas de Física Moderna 207
9 Discussão dos saberes docentes para a inclusão do aluno com
deficiência visual em aulas de Física 249

Considerações finais 265
Referências bibliográficas 269

APRESENTAÇÃO

Apresento neste livro os resultados complementares de uma investigação iniciada em abril de 2005 quando eu estava desenvolvendo um projeto de pós-doutorado (projeto Fapesp n.04/13339-7). Esse projeto, inicialmente previsto para ser realizado em quatro anos, foi interrompido após treze meses por eu ter ingressado como professor assistente doutor no Departamento de Física e Química da Faculdade de Engenharia da Universidade Estadual Paulista "Júlio de Mesquita Filho" (Unesp), campus de Ilha Solteira.

Nos treze meses de trabalho, concentrei-me em estudar o processo de planejamento das atividades de ensino de Física para alunos com e sem deficiência visual. Os resultados dessa primeira etapa de investigação encontram-se explicitados em Camargo (2006, 2008), e indicam um primeiro conjunto de saberes docentes referentes ao processo de elaboração de atividades de ensino de Física para ambiente inclusivo.

A continuidade do desenvolvimento do projeto de pós-doutorado deu-se em forma de plano trienal de atividades (2006-2009) realizado junto ao DFQ/FEIS/Unesp – Ilha Solteira. Nessa investigação, concentrei-me em entender a aplicação prática dos planos de ensino anteriormente desenvolvidos, ou seja, olhei de perto uma realidade de ensino de Física que contemplou a presença de alunos com e sem deficiência visual.

As atividades foram aplicadas num Colégio Técnico Industrial (CTI) da cidade de Bauru (SP), durante o segundo semestre de 2005. O número total de horas dessas atividades foi de 80. Minhas ações de pesquisa durante o projeto trienal foram transcrever as 80 horas de atividades, criar categorias de análise para a compreensão de dificuldades e viabilidades encontradas pelos licenciandos para conduzir as aulas e, por fim, realizar as análises.

Dessa forma, motivado pela carência de material na área foco de investigação, produzi, no período de maio de 2006 até dezembro de 2009, um corpo de conhecimentos relatados neste texto.

Espero que os conhecimentos construídos e aqui apresentados contribuam à inclusão social do discente com deficiência visual, e amplie as perspectivas de compreensão dos fenômenos físicos e de seu ensino.

Introdução

Nos dias atuais, o atendimento das diferentes necessidades educacionais dos alunos com e sem deficiências apresenta-se como o desafio mais importante que o professor deve enfrentar (Rodrigues, 2003). A busca por uma didática inclusiva[1] não é simples, deve superar os modelos pedagógicos tradicionais enfatizando o impacto de variáveis específicas na implantação de uma educação para todos. Como discutido nos Parâmetros Curriculares Nacionais (Brasil, 1998), ao pensar a implementação da educação inclusiva há que contemplar que saberes deve possuir o docente (Carvalho; Gil-Peres, 1994). Teoricamente, esse professor deveria estar preparado para planejar e conduzir atividades de ensino que atendam as especificidades educacionais dos alunos com e sem deficiência, o que implica dizer que sua prática deve dar conta de atender as múltiplas formas de interação entre os participantes das atividades e os fenômenos estudados.

---

1 Define-se por didática inclusiva o conjunto de procedimentos educacionais intencionais adequado ao atendimento da diversidade humana. Em outras palavras, a didática inclusiva orienta-se por saberes organizativos e teórico-práticos cujo objetivo é favorecer a participação efetiva de todos os alunos, com e sem deficiência, em uma determinada atividade educacional.

A inclusão posiciona-se de forma contrária aos movimentos de homogeneização e normalização (Sassaki, 1999). Defende o direito à diferença, a heterogeneidade e a diversidade (Rodrigues, 2003). Efetiva-se por meio de três princípios gerais: a presença do aluno com deficiência na escola regular, a adequação da mencionada escola às necessidades de todos os seus participantes, e a adequação, mediante o fornecimento de condições, do aluno com deficiência ao contexto da sala de aula (Sassaki, 1999). Implica uma relação bilateral de adequação entre ambiente educacional e aluno com deficiência, em que o primeiro gera, mobiliza e direciona as condições para a participação efetiva do segundo (Mittler, 2003).

Gostaria de propor uma analogia entre a ideia de inclusão e a de centro de massa. Essa analogia pode esclarecer melhor o leitor, especialmente o da área de ensino de Física. Também farei isso para a definição de uma outra ideia, a de integração. Deixo claro que integrar e incluir não são as mesmas coisas. São formas distintas de inserção da pessoa com deficiência nos mais variados contextos sociais, dos quais enfatizo o escolar.

Do ponto de vista estatístico, pode-se dizer que o Centro de Massa (CM) de um sistema de partículas é a posição correspondente a uma *média ponderada das massas* das partículas (Young. Freedman, 2003). Por exemplo, se considerarmos uma esfera homogênea com distribuição uniforme de massa, seu centro de massa estará localizado em seu centro geométrico. Por sua vez, o centro de massa de um martelo estará localizado muito próximo de sua "cabeça". Em síntese, o centro de massa é o ponto onde podemos considerar a massa do sistema concentrada e onde age a resultante das forças externas que atuam no sistema. Para um sistema formado por duas partículas de massas m_1 e m_2 podemos dizer matematicamente que:

$$ C_m = \frac{m_1.x_1 + m_2.x_2}{m_1 + m_2} $$

Equação 1 – Equação do centro de massa para um sistema de duas partículas. Onde x_1 e x_2 são as posições no eixo x dos centros de massa das partículas.

Imagine duas esferas homogêneas com distribuição uniforme de massa (m_1 e m_2) separadas por uma distância D como indicado na Figura 1 Por conveniência, considerarei que m_1 vale 9 Kg e m_2 1 Kg, e que a distância D é de 100 cm.

Figura 1 – Analogia entre inclusão e a ideia de centro de massa.

A analogia que proponho é a seguinte: m_1 representa o meio social, em nosso caso, o ambiente educacional. Por sua vez, m_2 representa a pessoa com deficiência. O centro de massa, que se encontra a 10 cm do centro de m_1, representa o nível de responsabilidade de adequação, que para o caso da inclusão, encontra-se muito mais próximo do meio social do que da pessoa com deficiência. Essa, por sua vez, não está isenta de responsabilidade de adequação. O que a analogia mostra é que na inclusão, meio social e pessoa com deficiência têm responsabilidades de adequação; entretanto, tal responsabilidade é muito maior para o meio social.

Podemos estabelecer uma analogia para a ideia de integração. Imagine novamente o sistema formado pelas duas esferas anteriormente consideradas separadas pela distância de 100 cm. Farei agora m_1 assumir o valor de 1 Kg e m_2 o valor de 9 kg como indicado na Figura 2.

Figura 2 – Analogia entre integração e a ideia de centro de massa.

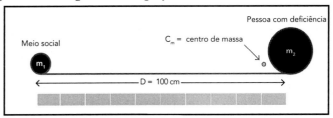

Como anteriormente, m_1 representa o meio social, m_2, a pessoa com deficiência e o centro de massa, o nível de responsabilidade de adequação. Nesse caso, note que esse nível de responsabilidade é muito maior para a pessoa com deficiência se comparado ao do meio social.

Em síntese, na lógica da inclusão, as diferenças individuais são reconhecidas e aceitas e constituem a base para a construção de uma inovadora abordagem pedagógica. Nessa nova abordagem, não há mais lugar para exclusões ou segregações, e todos os alunos, com e sem deficiência, participam efetivamente (Rodrigues, 2003). A participação efetiva é entendida em razão da constituição de uma dada atividade escolar que dá ao aluno com deficiência plenas condições de atuação. A participação efetiva pode, portanto, servir como parâmetro sobre a ocorrência ou não de inclusão, além de explicitar as reais necessidades educacionais do aluno com deficiência.

Concluir que incluir alunos com deficiências em aulas de Física, Química, Biologia, Matemática, História, Língua Portuguesa etc. deve ir além dos princípios gerais indicados é reconhecer a necessidade do investimento em pesquisas que revelem propriedades ativas das variáveis específicas. Uma dessas variáveis refere-se aos saberes docentes necessários para a condução de aulas de Física em classes que contemplam a presença de alunos com e sem deficiência visual. Como indica Tardif (2004):

> O saber docente se compõe de vários saberes provenientes de diferentes fontes. Saberes disciplinares, curriculares, profissionais, que incluem os das ciências da educação e da pedagogia, e os experenciais. Estes últimos constituem, para os docentes, os fundamentos da prática e da competência profissional.

Nesse sentido, para a realização da investigação aqui relatada, aproximei um grupo de futuros professores de uma sala de aula que contemplou a presença de alunos com e sem deficiência visual. Esses futuros professores tiveram a oportunidade de conduzir atividades de ensino de Física em tal ambiente. Dessa interação, constituí dados que foram interpretados com a intenção de identificar saberes específicos que o docente de Física deve possuir para lecionar junto aos alunos com e sem deficiência visual.

Nos últimos vinte anos, a pesquisa sobre ensino de Física vem crescendo no Brasil (Megid Neto, 2000; Nardi, 2001). Ainda que a quantidade de trabalhos acadêmicos na área do ensino de Física voltados para a questão dos alunos com deficiência visual seja muito inferior à de outras áreas, constatei também um discreto aumento nessas pesquisas.

Um rápido olhar nos anais dos eventos: Simpósio Nacional de Ensino de Física (Snef), Encontro de Pesquisa em Ensino de Física (Epef) e Encontro Nacional de Pesquisa em Educação em Ciências (Enpec) mostra que os estudos realizados relacionam-se com os seguintes temas: concepções alternativas de pessoas cegas sobre fenômenos físicos (Camargo; Scalvi, 1999; 2000; Camargo, 2002; Almeida et al. 2005), atividades e materiais experimentais de ensino de Física para alunos com deficiência visual (Camargo; Silva, 2003a, 2003b; Camargo; Silva, 2004a; Pazêto, 2005; Camargo et al. 2006; Medeiros et al., 2007; Borges et al., 2008; Morrone et al., 2008; Camargo et al., 2009a), A importância da utilização de múltiplas percepções sensoriais no ensino de Física de alunos cegos e com baixa visão (Santos, 2000; Camargo, 2001; Martelli, 2003; Duarte, 2005; Camargo et al., 2009c), atuação de professores junto a alunos com deficiência visual (Camargo; Nardi, 2005, 2006, 2007a, 2007b; Camargo; Silva, 2005; Ferreira; Dickman, 2007), resolução de problemas físicos utilizando equações (Tato; Barbosa Lima, 2007), e implantação de linha de pesquisa sobre ensino de Física e deficiência visual (Camargo et al., 2009b).

Grande parte das pesquisas sobre ensino de Física/deficiência visual, entretanto, não tratou explicitamente dos saberes docentes adequados à condução de aulas de Física em classes que contemplam a presença de alunos com e sem deficiência visual. Por isso, venho realizando desde 2005 uma investigação que visa compreender quais são as principais viabilidades e dificuldades para a condução de aulas de Física para alunos com e sem deficiência visual. Na primeira etapa, identifiquei alternativas e dificuldades encontradas por licenciandos para o desenvolvimento de planos de ensino para alunos com e sem deficiência visual (Camargo, 2006, 2008). Na segunda etapa, concentrei minha atenção no interior da sala de aula que contemplou a presença de alunos com e sem deficiência visual, com o objetivo de identificar os saberes docentes anteriormente mencionados.

Neste livro, identifico e analiso alguns dos saberes docentes necessários para a inclusão do aluno com deficiência visual em aulas de Física. Destaco a característica "alguns saberes", pois não tenho a pretensão de esgotar o assunto. Com outras investigações, novos saberes podem ser identificados. Reconheço, portanto, a complexidade do referido fenômeno e a necessidade de recortes e estudos particularizados que enfoquem distintas deficiências e conteúdos escolares.

No Capítulo 1, enfoco os objetivos da pesquisa e os saberes docentes identificados por Carvalho e Gil-Peres (1994) para uma prática de ensino de Física. No Capítulo 2, apresento os processos de constituição, organização e tratamento analítico dos dados. No Capítulo 3, explicito o referencial metodológico da investigação, bem como as categorias de análise elaboradas. Nos Capítulos de 4 a 8, abordo, respectivamente, os panoramas das dificuldades e viabilidades para a inclusão do aluno com deficiência visual em aulas de Óptica, Eletromagnetismo, Mecânica, Termologia e Física Moderna. A partir das análises realizadas, apresento no Capítulo 9 os saberes docentes necessários para uma prática de ensino de Física para alunos com e sem deficiência visual. Entendo que esses saberes são complementares aos indicados por Carvalho e Gil-Peres (1994). Dessa forma, podem ser generalizados para as práticas de ensino de Física. Entendo, ainda, que a partir de tais saberes surgem necessidades investigativas inerentes à compreensão da influência da percepção sensorial para o significado de fenômenos e ideias físicas. Por isso, além de buscar responder questões, indico novas necessidades investigativas.

Como apontam os Parâmetros Curriculares Nacionais (Brasil, 1998), a inclusão escolar impõe-se como uma perspectiva a ser pesquisada e experimentada na realidade brasileira. Dessa forma, em relação ao ensino de Física aos alunos com deficiência visual, é de fundamental importância a execução de pesquisas que visem contribuir com a formação do professor, haja vista que os alunos com deficiência visual começaram a frequentar espaços sociais como os da escola, do trabalho etc. que sempre foram deles, e que, por questões relacionadas a paradigmas de normalização de comportamentos, foram-lhes retirados.

1
OBJETIVOS DA PESQUISA E RETOMADA DOS SABERES DOCENTES PARA O ENSINO DE FÍSICA

Objetivos da pesquisa

Enfoque geral

No contexto do ensino de Física para alunos com deficiência visual, um fator fundamental a ser desvelado refere-se ao conhecimento de atitudes e ações docentes dentro das práticas educacionais de Física que envolvem alunos com a citada deficiência. Em outras palavras, que funções e responsabilidades são designadas aos professores que lecionam Física para alunos com deficiência visual? Como deve proceder em sua prática um docente de Física que tenha em sua sala de aula alunos cegos ou com baixa visão? Ou seja, como ele deve conduzir suas aulas? Em síntese, como ele deve se portar em um ambiente no qual haja a presença de alunos com deficiência visual e a de alunos sem a referida deficiência?

Questões como essas parecem afligir a maioria dos professores de Física, que quando surpreendidos pela presença de um aluno cego ou com baixa visão em sua sala de aula são levados a se interrogar acerca de problemas como: O que fazer? Como essa pessoa vai desenvolver essa atividade? Como ele vai fazer para copiar a matéria? Será que ele tem capacidade para aprender? Não seria melhor ele

24 EDER PIRES DE CAMARGO

estudar numa escola especializada onde só existam alunos deficientes visuais como ele?

A partir dos problemas colocados, tenho o objetivo de apresentar um delineamento acerca dos elementos relativos aos saberes docentes a serem desenvolvidos junto ao professor de Física, a fim de que ele se encontre capacitado para a condução de atividades de ensino de Física que contemplem não só as especificidades dos alunos videntes, como também as dos alunos com deficiência visual. O entendimento de "saber docente" que indico neste livro é aquele apresentado por Carvalho e Gil-Peres (1994), no qual a prática docente fundamenta-se na relação entre saberes conceituais e metodológicos, em que o primeiro se refere ao conhecimento conceitual dos conteúdos a serem ensinados, e o segundo, às formas de transposição dos conteúdos conceituais em conteúdos de ensino, ou ainda, nos procedimentos com que um determinado conteúdo é trabalhado em sala de aula.

Para tanto, intervi no ano de 2005 na formação de novos professores que cursavam Licenciatura em Física na Universidade Estadual Paulista (Unesp, campus de Bauru), proporcionando em tal intervenção o contato entre esses novos professores e conteúdos nas áreas de ensino-aprendizagem, ensino de Física, ensino de Física no contexto da deficiência visual, inclusão da pessoa com deficiência, bem como um contato direto por meio de estágios práticos entre esse futuro professor e alunos com deficiência visual matriculados na rede pública de ensino de Bauru (SP).

Voltando à temática dos saberes docentes, detalho na sequência aqueles indicados por Carvalho e Gil-Peres (1994). Espero que os saberes identificados neste livro atuem como complemento aos explicitados neste capítulo.

Ruptura com visões simplistas sobre o ensino de ciências

De acordo com Carvalho e Gil-Peres (1994), quando professores em exercício e em formação são questionados acerca do que se necessita saber e saber fazer no contexto da prática educacional em ciências, as respostas são bem simples e não incluem muitos dos conhecimentos que a pesquisa em ensino de ciências destaca como centrais. Esse fato pode ser interpretado como expressão de uma visão espontânea do ensino, concebido como algo fundamentalmente simples, ou seja, a atuação docente estaria relacionada somente a um bom conhecimento da matéria, elementos ligados à prática de sala de aula e certos conhecimentos psicopedagógicos.

É evidente que saber a matéria de ensino, ter experiências práticas de sala de aula, bem como possuir conhecimentos psicopedagógicos são indispensáveis a uma boa atuação docente. O que destaco neste tópico refere-se ao fato de que esses saberes são concebidos pelos docentes de forma acrítica, resultado de uma tradição de "como se ensinar". Na sequência, abordo saberes docentes que incluem os conhecimentos aqui apontados; entretanto, de uma forma crítica e articulada entre si e a prática.

Conhecer a matéria a ser ensinada

Esse saber relaciona-se com as seguintes variáveis: (a) conhecer os problemas que originaram a construção dos conhecimentos científicos; (b) conhecer a forma como os cientistas abordam os problemas, as características mais notáveis de sua atividade e os critérios de validação e aceitação das teorias científicas; (c) conhecer as interações ciência/tecnologia/sociedade/ambiente associadas à construção de conhecimentos científicos; (d) ter conhecimento dos desenvolvimentos recentes da ciência e de suas perspectivas, para poder comunicar uma visão dinâmica e aberta desse campo de conhecimento; (e) saber selecionar conteúdos adequados que deem uma visão adequada da ciência e que sejam acessíveis e interessantes aos alunos; (f) estar preparado para aprofundar os conhecimentos e para adquirir novos (Carvalho; Gil-Peres, 1994).

Questionar as ideias docentes de "senso comum" sobre o ensino e aprendizagem das ciências

Tal saber relaciona-se com as seguintes variáveis: (a) questionar a visão simplista do que é a ciência e o trabalho científico; (b) questionar a redução habitual do aprendizado das ciências aos conteúdos conceituais e procedimentais esquecendo aspectos históricos, sociais etc.; (c) questionar o caráter "natural" do fracasso generalizado dos discentes nas disciplinas científicas; (d) questionar a atribuição de atitudes negativas em relação à ciência e sua aprendizagem a causas externas ao processo de ensino; (e) questionar o autoritarismo explícito ou implícito da organização escolar; (f) questionar o clima generalizado de frustração associado à atividade docente; (g) questionar a ideia de que ensinar é fácil, bastando alguns conhecimentos científicos, experiência, questão de ter "didática" (Carvalho; Gil-Peres, 1994).

Adquirir conhecimentos teóricos sobre a aprendizagem das ciências

Esse saber está ligado às seguintes variáveis: (a) reconhecer a existência de concepções alternativas difíceis de serem substituídas por conhecimentos científicos, a não ser mediante uma mudança conceitual e metodológica; (b) saber que os alunos aprendem significativamente construindo conhecimentos, o que exige aproximar a aprendizagem de ciências das características do trabalho científico; (c) saber que os conhecimentos são respostas a questões, o que implica propor a aprendizagem a partir de situações problemáticas de interesse para os alunos; (d) conhecer o caráter social da construção de conhecimentos científicos e saber organizar a aprendizagem de forma consequente; (e) conhecer a importância que possuem, na construção dos conhecimentos científicos, o ambiente da sala de aula e o das escolas, suas expectativas (do professor) com o progresso dos alunos (Carvalho; Gil-Peres, 1994).

Saber analisar criticamente o ensino tradicional

O presente saber está ligado às variáveis sequentes: (a) conhecer as limitações dos habituais currículos enciclopédicos e, ao mesmo tempo, reducionistas. Levar em conta que a construção de conhecimentos precisa de tempo; (b) conhecer as limitações da forma habitual de introduzir conhecimentos que negligenciam as concepções alternativas dos alunos e se fundamentam em tratamentos puramente operativos; (c) conhecer as limitações dos trabalhos práticos habitualmente propostos que se fundamentam numa visão deformada do trabalho científico; (d) conhecer as limitações dos simples exercícios repetitivos; (e) conhecer as limitações das formas de avaliação habituais que são terminais e preocupam-se em avaliar conteúdos de natureza conceitual e procedimental; (f) conhecer as limitações das formas de organização escolar distantes das que podem favorecer um trabalho de pesquisa coletivo (Carvalho; Gil-Peres, 1994).

Saber preparar atividades capazes de gerar uma aprendizagem efetiva

Esse saber está relacionado às seguintes variáveis: (a) propor situações problemáticas que sejam acessíveis, gerem interesse e proporcionem uma concepção preliminar da tarefa; (b) propor aos discentes o estudo qualitativo das situações problemáticas e a tomada de decisões para estabelecer problemas precisos; (c) orientar o tratamento científico dos problemas propostos – a invenção de conceitos e emissão de hipóteses, a elaboração de estratégias de resolução para contrapor as hipóteses à luz do corpo de conhecimentos de que se dispõe, a resolução e análise dos resultados comparando-os com os obtidos por outros grupos de alunos e pela comunidade científica; (d) aplicar os novos conhecimentos em uma variedade de situações para tornar possível o aprofundamento desses, dando ênfase especial nas relações ciência/tecnologia/sociedade/ambiente que demarcam o desenvolvimento científico (Carvalho; Gil-Peres, 1994).

Saber dirigir o trabalho dos alunos

Esse saber encontra-se relacionado às seguintes variáveis: (a) apresentar as atividades de forma que os alunos sejam capazes de adquirir uma concepção global da tarefa e o interesse por ela; (b) facilitar o funcionamento dos pequenos grupos e os intercâmbios enriquecedores, dirigindo adequadamente as observações em comum e tomando decisões fundamentadas no complexo contexto que compõe uma classe; (c) realizar sínteses e reformulações que valorizem as contribuições dos alunos e orientem devidamente o desenvolvimento da tarefa; (d) facilitar a informação necessária para que os alunos apreciem a validade de seu trabalho, abrindo-lhes novas perspectivas; (e) criar um bom clima de funcionamento da aula, sabendo que uma boa "disciplina" é o resultado de um trabalho interessante e de um relacionamento correto entre professor e alunos; (f) contribuir para o estabelecimento de formas de organização escolar que favoreçam interações frutíferas entre a aula, a escola e o meio exterior; (g) saber agir como especialista capaz de dirigir o trabalho de várias equipes de "novos pesquisadores", enfatizando seu próprio interesse pela tarefa e pelos avanços de cada aluno (Carvalho, Gil-Peres, 1994).

Saber avaliar

Sobre esse saber encontramos as seguintes variáveis: (a) conceber e utilizar a avaliação como instrumento de aprendizagem que permita fornecer um *feedback* adequado para promover o avanço dos alunos (avaliação formativa). Também o professor deve considerar-se corresponsável pelos resultados que os alunos obtiverem; (b) ampliar o conceito e a prática da avaliação ao conjunto de saberes, destrezas e atitudes que interesse contemplar na aprendizagem das ciências – avaliar os alunos integralmente levando em conta a aprendizagem dos conteúdos conceituais, procedimentais e atitudinais; (c) introduzir, como instrumento de melhoria do ensino, formas de avaliação de sua própria tarefa docente contando com a participação dos alunos e de outros professores (Carvalho; Gil-Peres, 1994).

Adquirir a formação necessária para associar ensino e pesquisa didática

Em outras palavras, a atividade do professor e sua preparação surgem como tarefas de uma extraordinária complexidade e riqueza que exigem associar de forma indissolúvel docência e pesquisa (Carvalho; Gil-Peres, 1994).

Enfoque específico

Objetivo (1)

Trabalhar com os futuros professores a elaboração de atividades de ensino de Física que visem incluir o aluno com deficiência visual em uma sala de aula regular de Física.

Em outras palavras, trabalhei com os futuros professores a elaboração de atividades de ensino de Física. Esse trabalho visou estimular a problematização crítica do planejamento na perspectiva da inclusão, além de proporcionar momento de discussão acerca de referenciais de observação da realidade física complementares ao visual (Camargo, 2000).

Objetivo (2)

Trabalhar com os futuros professores a construção de materiais ou equipamentos capazes de estabelecer interfaces não visuais entre os fenômenos estudados e os alunos com e sem deficiência visual.

Objetivo (3)

Proporcionar, ao futuro professor, condições para que ele utilize as atividades e os materiais que desenvolveu, isto é, para que realize um estágio de regência prático em salas de aula de Física que contemplem a presença de alunos com e sem deficiência visual.

Objetivo (4)

Organização dos dados: realizar a transcrição dos momentos de aplicação dos módulos de ensino de Física, realizar a catalogação de equipamentos desenvolvidos pelos licenciandos e definir as categorias para a realização da análise dos dados.

Objetivo (5)

Analisar o processo de condução das atividades de ensino no qual o futuro professor foi submetido, e por meio de tal análise identificar viabilidades e dificuldades inerentes ao referido processo, e consequentemente, os principais saberes docentes que devem ser desenvolvidos junto ao professor de Física para o trabalho educacional em ambientes que contenham a presença de alunos com e sem deficiência visual.

Neste livro, apresento resultados provenientes da análise da condução das atividades de ensino de Física pelos licenciandos da Unesp de Bauru (objetivos 4 e 5). Dessa forma, complemento os resultados apresentados em Camargo (2006) – objetivos 1, 2 e 3. Na investigação mencionada, enfoquei resultados provenientes das análises do processo de planejamento das atividades de ensino de Física, pretendidas, na ocasião de seus planejamentos, como adequadas para suprir as necessidades educacionais de alunos com e sem deficiência visual.

No próximo capítulo, detalharei o processo de constituição dos dados, bem como apresentarei sinteticamente os resultados da investigação de Camargo (2006). Esse processo de investigação descreve um modelo formativo inicial que entendo como adequado para a preparação de professores com vistas a uma prática inclusiva de Física. Deixo então, como uma primeira contribuição, a sugestão de aplicação do modelo junto a cursos de licenciatura em Física.

2
CONSTITUIÇÃO, ORGANIZAÇÃO E TRATAMENTO ANALÍTICO DOS DADOS: UM MODELO FORMATIVO PARA A PRÁTICA INCLUSIVA DE FÍSICA NO CONTEXTO DA DEFICIÊNCIA VISUAL

Constituição dos dados. Detalhamento das atividades realizadas no período de 1°.4.2005 a 31.12.2005

Antes de prosseguir, gostaria de esclarecer o significado da expressão "deficiência visual", visto que essa expressão possui significados diferentes para pessoas diferentes. De acordo com o Decreto n.5.296 são considerados deficientes visuais duas categorias de pessoas, os cegos e os que possuem baixa visão (BRASIL, 2004).

É considerada cega toda pessoa cuja acuidade visual, no melhor olho, e com a melhor correção óptica, é menor que 20/400 (0,05), ou seja, que vê a 20 metros de distância aquilo que uma pessoa de visão comum veria à 400 metros de distância. Note então que o entendimento de "cegueira" como ausência de visão não é assim explicitado legalmente. Pessoas com acuidade visual menor que a mencionada são consideradas cegas mesmo que sejam capazes de ver vultos ou alguma imagem.

É considerada com baixa visão toda pessoa cuja acuidade visual, no melhor olho, e com a melhor correção óptica, é menor que 20/70 (0,3) e maior que 20/400 (0,05), ou ainda, os casos nos quais o somatório da medida do campo visual em ambos os olhos for igual

32 EDER PIRES DE CAMARGO

ou menor que 60°; ou a ocorrência simultânea de quaisquer das condições anteriores.

Popularmente, a deficiência visual é associada com olhos deformados e com a utilização de óculos escuros, o que na verdade nem sempre ocorre. Entre a baixa visão e a cegueira total há um grande caminho, e é fundamental ao docente conhecer as características da deficiência visual de seu aluno.

Farei agora uma síntese dos resultados apresentados em Camargo (2006). Esses resultados referem-se ao cumprimento dos objetivos específicos (1), (2) e (3) (ver Capítulo 1), ou seja, no período de abril a dezembro de 2005 obtive os dados analisados numa primeira etapa de investigação (Camargo, 2006, 2008).

Os dados gerais da investigação foram constituídos durante o desenvolvimento das disciplinas de Prática de Ensino de Física oferecidas no sétimo e no oitavo termos do curso de licenciatura em Física. Esses dados referem-se às estruturas teórica e prática de módulos de ensino de Física e de relatórios (observação e regência) que os licenciandos elaboraram e aplicaram. Classifiquei então a constituição dos dados em dois momentos: (a) momento preparatório e (b) momento prático.

Momento preparatório (1°.4.2005 a 31.7.2005)

O momento preparatório caracterizou-se por três atividades básicas realizadas pelos licenciandos: planejamento de módulos e materiais de ensino, discussão reflexiva de temas inerentes ao ensino de Física e à deficiência visual, e estágio de observação.

No início da disciplina de Prática de Ensino de Física oferecida no primeiro semestre de 2005 (sétimo termo), foi solicitado aos licenciandos que se dividissem em cinco grupos de acordo com os seguintes temas da Física: Óptica, Eletromagnetismo, Mecânica, Termologia e Física Moderna (planejamento de módulos e materiais de ensino). Cada grupo ficou constituído, em média, por quatro licenciandos. Na sequência, foi apresentado aos grupos o seguinte problema educacional:

Vocês devem elaborar um minicurso de 16h sobre o tema físico que seu grupo escolheu, sendo que as atividades de ensino de Física constituintes do minicurso devem ser adequadas às especificidades educacionais de alunos com e sem deficiência visual.

Nas aulas seguintes (discussão reflexiva de temas inerentes ao ensino de Física e à deficiência visual), foram trabalhados pelo docente responsável pela disciplina temas relativos ao Ensino de Física/Ciências (Gil-Pérez et al., 1999; Wheatley, 1991; Posner et al., 1982; Castro; Carvalho, 1992; Silva; Barros Filho, 1997), e ao ensino de Física no contexto da deficiência visual (Camargo; Silva, 2004a, 2004b, 2003a).

As discussões reflexivas realizadas acerca dos temas considerados faziam parte dos objetivos próprios da disciplina Prática de Ensino de Física, entretanto ocorreu a adição de temas novos relativos ao ensino de Física para alunos com deficiência visual.

No primeiro semestre, aproximadamente 25% das aulas da disciplina de Prática de Ensino de Física destinavam-se à realização de estágio de observação de práticas pedagógicas de ensino de Física em escolas da rede pública ou privada. Para a realização do estágio, foi sugerido aos licenciandos que, preferencialmente, observassem a realidade de aulas de Física de classes que contemplassem a presença de alunos com e sem deficiência visual. Foi também fornecido aos licenciandos o nome e endereço das escolas estaduais e municipais subordinadas à Diretoria de Ensino da região de Bauru que continham alunos com deficiência visual matriculados. Os licenciandos apresentaram suas observações por meio de um relatório e de discussões realizadas nas aulas presenciais.

Visei, portanto, por meio das três atividades básicas descritas, introduzir teoricamente futuros professores na problemática da inclusão escolar de alunos com deficiência visual em contextos educacionais de Física. Dessa forma, como resultado do momento preparatório, obtive três objetos de análise, a saber: filmagem de momentos de discussões acerca do elaborar atividades e de episódios de ensino oriundos das observações realizadas nos estágios; os relatórios de observação; e os planos de ensino elaborados pelos grupos de licenciandos. Apresento na sequência uma síntese das análises dos objetos mencionados. Tal análise evidencia dificuldades enfrentadas pelos licenciandos para o planejamento de atividades de ensino de Física para ambiente educacional que contemple a presença de alunos com deficiência visual.

1) *Relação entre conhecer fenômenos físicos e ver esses fenômenos.* Essa relação representou uma grande dificuldade ao planejamento de atividades de ensino de Física, pois os fenômenos/conceitos físicos são demasiadamente relacionados à visualização;

2) *O desconhecimento da pessoa com deficiência visual.* Esse desconhecimento não é neutro, constituindo-se num conhecimento equivocado acerca da deficiência visual, conhecimento esse fortemente ligado aos mitos: natureza perfeita que tira com uma mão e dá com a outra, substituição dos órgãos do sentido (exemplo, o tato e a audição substituem a vista), e o envolvimento do cego total de nascimento na escuridão (crença que entende o cego total de nascença como imerso num mundo escuro);

3) *A atribuição de responsabilidades.* Essa dificuldade relaciona--se ao fato de o futuro professor assumir que não é capaz de planejar atividades de ensino porque a Universidade não o preparou, ou porque nas escolas não existem as condições necessárias para a inclusão. Embora muitos desses argumentos sejam verdadeiros, posicionar-se passivamente diante deles é não buscar alternativas para superar as dificuldades oriundas do ensino para alunos com deficiência visual.

4) *A não superação de procedimentos tradicionais de ensino-aprendizagem.* Esse tipo de dificuldade não é exclusivo à problemática do ensino de Física e da deficiência visual, contudo influencia diretamente o planejamento de atividades de ensino de Física que atendam as necessidades de todos os alunos.

Momento prático (1°.8.2005 a 31.12.2005)

No segundo semestre (oitavo termo), aproximadamente 75% das atividades da disciplina de Prática de Ensino de Física eram destinadas para o estágio de regência. Nesse estágio, os grupos de licenciandos aplicaram seus módulos de ensino em uma sala de aula que continha

37 alunos, sendo 35 videntes e dois com deficiência visual (cegos). Os outros 25% das atividades da disciplina mencionada ficaram destinados para a organização da aplicação dos módulos de ensino e para a realização de uma atividade denominada "reflexão-ação". Dessa forma, a disciplina de Prática de Ensino de Física oferecida no segundo semestre foi organizada em razão de três atividades básicas: organização do curso "O Outro Lado da Física", aplicação do mencionado curso (módulos de ensino de 16 horas planejados pelos licenciandos) e atividade de "reflexão-ação".

Acerca da preparação para a aplicação dos módulos de ensino, destaco. Ainda no primeiro semestre de 2005 (sétimo termo), os licenciandos e o professor responsável pela disciplina de Prática de Ensino de Física definiram que os módulos de ensino de 16 horas que na ocasião vinham sendo elaborados constituiriam um curso de extensão a ser oferecido pela Unesp para uma determinada escola da rede de ensino de Bauru. Esse curso de extensão, segundo os licenciandos e o docente responsável pela disciplina, deveria *a priori* abordar a Física de uma maneira distinta das que normalmente são oferecidas nas escolas; ou seja, o enfoque conceitual deveria sobressair ao enfoque centrado no formalismo sem significado e desmotivante que caracteriza boa parte dos cursos de Física ministrados nos estabelecimentos de ensino públicos ou privados. O nome "O Outro Lado da Física" procurou sintetizar a intenção e os objetivos mencionados para o curso, e surgiu de um consenso entre os licenciandos e o professor responsável pela disciplina de Prática de Ensino de Física. Posteriormente, definiu-se a instituição pública de ensino Colégio Técnico Industrial (CTI) como o local onde o curso seria aplicado. A escolha do CTI deu-se por quatro fatores: (a) o CTI é um colégio vinculado à Unesp; (b) existência de boas relações entre a mencionada instituição e a Unesp de Bauru; (c) cursos semelhantes já haviam sido aplicados com sucesso no CTI; (d) proximidade entre o CTI e a Unesp. Tal proximidade facilitou o deslocamento dos licenciandos.

No início do segundo semestre de 2005 (oitavo termo), após conversas com a direção do CTI e autorização dessa para a realização do curso, os licenciandos iniciaram um período de divulgação do curso

36 EDER PIRES DE CAMARGO

junto aos alunos da mencionada instituição. O CTI oferecia cursos técnicos de mecânica, eletrônica e processamento de dados, bem como o ensino médio propedêutico. O acesso aos cursos do CTI dá-se por meio de exames de seleção realizados pela Vunesp (Instituição que promove os vestibulares da Unesp). Portanto, estudavam no CTI alunos da cidade e da região de Bauru, com idade média de 15 anos, aprovados em exame de seleção previamente realizado. O número de vagas definidas para a participação dos alunos do CTI no curso foi de 35, e a procura foi de aproximadamente setenta alunos. A escolha dos 35 participantes deu-se por sorteio.

Paralelamente ao processo de divulgação descrito, entrei em contato com a Escola Estadual Mercedes P. Bueno, localizada na cidade de Bauru, para convidar alunos com deficiência visual a participarem do curso. Procurei essa escola, pois, no CTI, não havia alunos com deficiência visual matriculados. A Escola Mercedes P. Bueno possui uma sala de recursos pedagógicos que, dentre tantas funções, procura atender as necessidades educacionais de alunos com deficiência visual oriundos de escolas da região de Bauru, como o ensino do Braile ou a transcrição de textos ou provas em Braile. Dois alunos com deficiência visual interessaram-se em participar do curso "O Outro Lado da Física". Esses alunos na ocasião possuíam as seguintes características em relação à deficiência visual e à escolaridade: ambos eram totalmente cegos, um possuía 15 anos de idade e cursava a 8ª série do Ensino Fundamental (atual nona série), e o outro possuía 36 anos e cursava a 7ª série do Ensino de Jovens e Adultos (EJA). O aluno cego de nascimento será identificado como aluno B, e o que perdeu a visão ao longo da vida, como aluno A. Portanto, os 35 alunos do CTI em conjunto com os dois alunos com deficiência visual foram os participantes do curso "O Outro Lado da Física" realizado entre o período de 15.8.2005 a 29.11.2005 no CTI. Dessa forma, constituiu-se um ambiente de ensino de Física que se assemelhou às classes da rede de ensino que contemplam a presença de alunos com e sem deficiência visual, ambiente esse onde os licenciandos, por meio do estágio de regência, depararam, do ponto de vista prático, com a problemática do ensino de Física e da deficiência visual.

A ordem dos temas dos módulos de ensino que foram aplicados no CTI (Óptica, Eletromagnetismo, Mecânica, Termologia e Física moderna) obedeceu a uma sequência distinta das geralmente encontradas nos planos de ensino das escolas ou nos livros didáticos. A definição pela ordem apresentada deu-se pelos licenciandos por critérios subjetivos, como vontade, receio, disponibilidade etc.

Nos capítulos seguintes identificarei, analisarei e classificarei algumas das dificuldades e viabilidades para a inclusão do aluno com deficiência visual em aulas de Física. A partir disso, sugerirei saberes docentes necessários para a condução de atividades de ensino de Física no ambiente educacional aqui discutido. Para tanto, tomei como parâmetro a ideia de participação efetiva desse discente nas atividades. A participação efetiva é avaliada em razão da relação: discente com deficiência visual/conteúdos conceituais e procedimentais de Física (Coll apud Zabala, 1998). Segundo esse autor, os conteúdos de ensino são compreendidos em termos conceituais, procedimentais e atitudinais.

Como explica Zabala (1998), os conteúdos conceituais estão relacionados ao conhecimento de fatos, conceitos e princípios; os procedimentais, ligados às regras, técnicas, habilidades; e os atitudinais, a valores, atitudes, princípios éticos etc. Em outras palavras, conteúdos conceituais relacionam-se ao saber; os procedimentais, ao saber fazer; e os atitudinais, ao ser (Zabala, 1998).

Em relação aos conteúdos atitudinais, várias pesquisas indicam que a presença do aluno com deficiência em uma classe regular contribui positivamente para o desenvolvimento de valores de caráter colaborativo, de respeito às diferenças, ligados à construção de uma sociedade menos excludente e para a identificação de uma natureza humana heterogênea (Carvalho; Monte, 1995). Esse é o motivo pelo qual concentrei minha atenção na participação efetiva do aluno com deficiência visual nas atividades próprias ao ensino de conteúdos conceituais e procedimentais de Física. Em outras palavras, discutirei os problemas oriundos da relação docente/discente com deficiência visual; discentes com e sem deficiência visual; discente com deficiência visual/conhecimento físico; discente com deficiência visual/atividades experimentais; discente com deficiência visual/operações matemáticas etc.

Destaco que os resultados apresentados enfatizam as dificuldades/ viabilidades do aluno que nasceu totalmente cego. Os motivos são os seguintes: esse discente participou de todas as atividades, algo que não ocorreu com o outro – por motivos particulares; as dificuldades/ viabilidades de A estão contidas no conjunto de dificuldades/viabilidades de B. Entretanto, exemplos apresentados pelo aluno A, bem como momentos em que ele participou das atividades serão levados em consideração, pois o discente B sempre esteve presente com A participando ativamente ou como ouvinte das atuações do aluno que perdeu a visão ao longo da vida. Ainda, é possível, a partir das análises dos resultados inerentes ao discente B, efetuar extrapolações para situações educacionais referentes aos discentes com condição de deficiência visual distinta desse aluno. Como mencionado, o discente B é cego de nascimento, e, portanto, enfrenta, do ponto de vista do ensino de Física, as principais dificuldades/viabilidades. A partir da identificação do conjunto de dificuldades/viabilidades do discente que nasceu cego, é possível, como mencionado, obter uma extensão para discentes com outros perfis de deficiência visual.

3
A COMUNICAÇÃO E OS CONTEXTOS COMUNICATIVOS COMO CATEGORIAS DE ANÁLISE

Explicito de forma sintética os procedimentos analíticos.[1] Todas as atividades foram filmadas e transcritas na íntegra. Com esse procedimento, constitui-se o *"corpus* de análise". Em seguida, obedecendo aos critérios de análise temática – exploração do material, tratamento dos resultados e interpretação –, organizei uma forma de orientar a identificação e a classificação de viabilidade e dificuldade para a inclusão do discente cego de nascimento nas aulas de Física, que se deu em razão da qualidade da participação desse aluno nas atividades de ensino. Nesse sentido, o foco para a verificação de ocorrência de inclusão concentrou-se nas condições educacionais oferecidas pelo ambiente social da sala de aula para a participação efetiva do referido discente nas atividades. Portanto, a participação efetiva do aluno B esteve relacionada à viabilidade de inclusão, enquanto a não participação efetiva esteve relacionada à dificuldade de inclusão.

Elaborei três categorias de análise para permitir a avaliação da qualidade da participação de B nas atividades. São elas: comunicação, contexto comunicacional e recurso instrucional. Na sequência, apresento e discuto cada categoria.

---

1 Se o leitor quiser se aprofundar mais no tema, pode consultar Bardin (1977), Franco (2003), entre outros.

Categoria 1: Comunicação

Objetivos

a) Compreender se as informações veiculadas pelos licenciandos ou alunos videntes foram acessíveis ao discente cego de nascimento;

b) Compreender a influência da ausência da visão para os significados dos fenômenos e conceitos físicos, bem como situações, objetos e contextos.

A análise dos objetivos apresentados teve como pano de fundo dois referenciais, a saber:

1) A estrutura empírica por meio da qual uma determinada informação é organizada, armazenada, veiculada e percebida;

2) A estrutura semântico-sensorial da linguagem utilizada no processo de veiculação de informações.

A presente categoria representa um estudo sobre os fatores que se colocam como obstáculo para a comunicação interpessoal, fatores esses denominados "Barreiras da comunicação" (Dimblery; Burton, 1990). Pretendi identificar as condições de acessibilidade da linguagem que deram suporte às informações veiculadas durante as aulas de Física, bem como a influência da ausência da visão no compartilhamento de significado entre vidente e deficiente visual acerca das informações veiculadas. Dessa forma, busquei entender se as estruturas empírica e semântico-sensorial da linguagem possibilitam o estabelecimento de relações comunicativas entre os sujeitos com e sem deficiência visual. Na sequência, apresentarei um aprofundamento sobre o fenômeno da comunicação, central para o entendimento da presente categoria de análise.

A comunicação pode ser entendida como o "processo social básico de produção e partilhamento do sentido através da materialização de formas simbólicas" (França, 2005, p.39). Num processo de comunicação interpessoal, ocorre uma relação entre emissor e receptor na qual o primeiro, de forma intencional, veicula ao segundo uma mensagem, ideia ou informação. Portanto, é possível dizer que a finalidade desse processo é o compartilhamento de significados sobre um determinado objeto, mensagem, informação ou ideia.

Para Martino (2005, p.13), a comunicação interpessoal se fundamenta em três princípios: (1) o termo comunicação designa as relações onde existem elementos que se destacam de um fundo de isolamento; (2) a intenção de romper o isolamento; (3) a ideia de uma realização em comum. Entretanto, a comunicação não se confunde com a convivialidade. Comunicar não é "ter algo em comum apenas por ser membro de uma mesma comunidade. Não se trata de comungar alguma prática, fazer alguma coisa juntamente com outras pessoas" (Martino, 2005, p.13).

Não obstante, uma interpretação válida para o significado de "comunicação" como uma ação em comum (comum + ação) é aquela que considera que o "algo em comum" se refere a um mesmo objeto de consciência e não a objetos materiais. Em outras palavras, o termo "comunicação" exprime a relação entre consciências, isto é, refere-se ao processo de compartilhar um mesmo objeto de consciência (Martino, 2005, p.14). Portanto, é objetivo dos participantes de um processo de comunicação a busca de entendimento acerca de determinados significados presentes na subjetividade individual, o que implica dizer que esses participantes procuram, por meio do referido processo, uma unidade de compreensão de entidades não materiais existentes e inicialmente representadas na esfera da consciência, do psicológico, das ideias.

No que se refere à comunicação entre pessoas (interpessoal), a linguagem oral não pode ser entendida como meio exclusivo de suporte aos processos comunicacionais. Nessa perspectiva, outras formas de comunicação, como a visual ou gestual, são consideradas legítimas e válidas para a constituição do referido processo. Como indicam Dimblery & Burton (1990): "a prática da comunicação é baseada no uso da fala e dos signos[2] não verbais porque o contato face a face, frente a frente, é a característica maior da comunicação interpessoal".

---

2 Dimblery & Burton (1990) utilizam o termo "signo não verbal" para exprimir uma ideia mais ligada a "signo não oral" (no sentido de códigos sonoros). É importante dizer isso, pois a comunidade de surdos utiliza-se de linguagem não oral que não pode ser considerada como não verbal.

42 EDER PIRES DE CAMARGO

Tal discussão, entretanto, remete o fenômeno comunicacional a um contexto reflexivo acerca dos códigos ou linguagem que dão suporte material à sua existência. Dito de outro modo, a comunicação como fenômeno social de busca de compartilhamento de significados psicológicos objetiva-se na codificação, veiculação e descodificação das informações existentes inicialmente na "consciência" do emissor, e posteriormente na "consciência" do receptor. Desse modo, as condições de reconhecimento e acesso aos códigos que constituem uma determinada informação influirão na efetivação do processo comunicacional. Na sequência, analiso um pouco mais de perto a questão dos códigos que dão suporte material à veiculação de uma informação.

Código, informação e comunicação

Como aponta Martino (2005, p.17), "a informação é o rastro que uma consciência deixa sobre um suporte material de modo que outra consciência pode resgatar, recuperar e então simular o estado em que se encontrava a primeira consciência". A informação constitui-se em comunicação de modo relativo. Essa relatividade diz respeito à organização e significado dos traços materiais ou código em que as informações foram elaboradas, armazenadas e expressas; exemplos: o idioma, a palavra falada ou escrita, os gestos etc. Nessa perspectiva, uma informação é potencialmente comunicação dependendo de "sua capacidade de ser estocada, armazenada (codificada) e reconvertida num segundo momento (decodificada)" (ibidem, p.18).

O fato de uma pessoa deparar com um código não garante a ela o acesso ao significado nele contido. O código contém um aspecto material que se refere à sua organização como objeto empírico: características sonoras do idioma, características gráficas das letras, organização gráfica das letras e consequente formação das palavras etc. Dito de outro modo, uma informação se apoia necessariamente num código que, por sua vez, exibe um aspecto material de constituição e suporte. Esse aspecto, denominado "suporte material" (ibidem), refere-se à estrutura empírica por meio da qual uma determinada informação é organizada, armazenada, veiculada e percebida.

O suporte material, entretanto, não finaliza a constituição do código. Há uma esfera simbólica que dá significado ao código, seja para quem produziu as informações e as registrou, seja para quem, ao entrar em contato com os referidos registros, os descodificam e os compreendem. Um aspecto importante do código e sua compreensão é aquele ligado com as condições objetivas de acesso a ele. Como mencionado, uma informação para ser comunicada se apoia em códigos que, por sua vez, se fundamentam nas dimensões materiais de organização, registro e suporte, e simbólica de decodificação e compreensão. Nesse contexto, o processo de comunicação se dará primeiramente na codificação da informação pelo emissor, e posteriormente, na decodificação dessa por parte do receptor. Esse processo, além de exigir condições subjetivas de conhecimento dos códigos para a compreensão de seus significados, requer condições objetivas de acessibilidade na veiculação e percepção de suas informações. Como indicam Dimblery & Burton (1990), as informações veiculadas por uma pessoa só podem atingir a consciência de outra por meio de um ou mais de seus cinco sentidos, e o conhecimento, a experiência e a base cultural afetam a maneira como as pessoas se comunicam entre si.

Assim, as condições de acessibilidade e de conhecimento do significado dos códigos mostram-se necessárias para a efetivação de um processo comunicacional entre indivíduos. Não ocorreria a comunicação de uma determinada informação se as características do código que a servem como suporte material fossem inacessíveis ao receptor. Na mesma medida, também deixaria de ocorrer comunicação se o receptor desconhecesse o código por meio do qual a informação é veiculada. Como indica Martino (2005, p.22), "para o caso do homem, comunicar tem o sentido de tornar similar e simultânea as informações presentes em duas ou mais consciências. Comunicar é tornar comum um mesmo objeto mental (sensação, pensamento, desejo, afeto)". Portanto, a comunicação de uma determinada informação ocorrerá na medida em que emissor e receptor tenham condições de compartilhá-la. Esse "compartilhar", todavia, dependerá de dois fatores estruturais, o conhecimento do código por meio do qual a informação é veiculada e as condições de acessibilidade a ele.

Retomada dos objetivos da presente categoria

A partir da discussão estabelecida, retomo os objetivos investigativos da presente categoria: como mencionei, objetivam-se identificar as características de acessibilidade por parte do discente com deficiência visual às informações veiculadas nas atividades de ensino de física, bem como a influência da ausência da visão para o significado de conceitos, fenômenos, situações e contextos. Com isso, pretendo compreender em que momentos e condições o aluno B participou de processos de comunicação com os alunos videntes e os licenciandos. Nessa perspectiva, apresento algumas reflexões sobre o papel da comunicação em sala de aula, visto que a construção de significados é influenciada pelos processos sociais comunicativos (Mortimer; Scott, 2002).

Como destaquei, os processos comunicativos são fundamentais para a produção de significados. Segundo Geraldi (1998), é a valorização dos processos de comunicação entre os participantes de um episódio de ensino/aprendizagem que produz alunos mais capazes, isto é, que aprenderam mais significativamente os conteúdos trabalhados. Seguindo essa linha de pensamento, é possível concluir que a construção dos significados científicos sofre influência da linguagem empregada em sala de aula. Para Mortimer & Scott (2002), se, por um lado, a comunicação é um mecanismo inerente à construção de significados na educação em ciências; por outro, o processo de aprendizagem pode ser compreendido como a negociação de novos significados num espaço comunicativo onde ocorre o encontro de diferentes ideias. Nessa perspectiva, o contexto de sala de aula pode ser caracterizado como local de práticas comunicacionais específicas, isto é, "específicas modalidades de explicações e de raciocínios, usos diferentes de dados, de analogias, de leis e de princípios (Compiani, 2003). Isso implica dizer que as relações comunicacionais entre docente e discentes e entre discentes desenvolvidas em sala de aula são fundamentais para o surgimento e consolidação de processos de ensino/aprendizagem, que de outro modo não ocorreriam.

Assim, em relação à participação de B nas aulas de física, cabe questionar: Quais foram as características de acessibilidade às informações veiculadas durante a aplicação das atividades? Em outras palavras, qual foi a estrutura empírica dos códigos utilizados pelo emissor durante o processo de veiculação de informações? Foi essa estrutura acessível ao receptor (aluno B)? Quais foram as características sensoriais (estrutura semântico-sensorial) da linguagem empregada pelos participantes das atividades durante sua aplicação? Ou seja, em que medida os significados dos códigos utilizados pelos licenciandos ou pelos alunos videntes em suas argumentações foram compartilhados pelo aluno B?

A presente categoria fundamenta-se em duas subcategorias que descrevo na sequência.

Identificação da estrutura empírica da linguagem

Refere-se à identificação do suporte material da linguagem, isto é, da forma por meio da qual uma determinada informação é materializada, armazenada, veiculada e percebida. A estrutura empírica pode se organizar em termos fundamentais e mistos. As estruturas fundamentais são constituídas pelos códigos visual, auditivo e tátil, articulados de forma autônoma ou independente uns dos outros. As estruturas mistas surgem quando os códigos fundamentais se combinam de forma interdependente, ou seja, estruturas audiovisual, tátil-visual, tátil-auditiva etc. Na sequência, explicito as estruturas fundamentais e mistas identificadas na análise dos dados. Fiz isso para que se torne desnecessária a repetição de definições das estruturas ao longo da análise. Destaco que tal procedimento também será efetuado com as estruturas semântico-sensoriais.

Estruturas fundamentais

Fundamental auditiva

Caracteriza-se por possuir apenas códigos sonoros. O acesso às linguagens com essa estrutura empírica se dá por meio da observação auditiva dos mencionados códigos (único suporte material).

Auditiva e visual independentes

Caracteriza-se pela independência entre os códigos auditivo e visual que lhe servem de suporte material. Ocorre, por exemplo, quando se projetam e falam-se as mesmas informações. Por isso, o nível do detalhamento oral determina padrões de qualidade de acessibilidade às informações veiculadas.

Tátil e auditiva independentes

Caracteriza-se pela independência entre os códigos tátil e auditivo que lhe servem de suporte material. Foi identificada em ocasiões em que o discente com deficiência visual reconheceu equipamentos experimentais por meio do tato e da audição. Dessa forma, cada tipo de percepção mencionada apresentava determinada característica do equipamento (auditiva ou tátil).

Fundamental visual

É constituída por códigos exclusivamente visuais que lhe servem de suporte material. Em relação ao receptor, o acesso às informações veiculadas fica condicionado à observação visual.

Estruturas mistas

Audiovisual interdependente

Caracteriza-se pela dependência mutua entre os códigos auditivo e visual que dão suporte material à veiculação de informações. Do ponto de vista empírico, o acesso às linguagens com essa característica somente pode se dar por meio da observação simultânea dos códigos mencionados, pois a observação parcial de um dos códigos não desfaz a interdependência de seu suporte material.

Tátil-auditiva interdependente

Caracteriza-se pela dependência mútua entre os códigos tátil e auditivo que dão suporte material à veiculação de informações. Do ponto de vista empírico, o acesso às linguagens com essa característica somente pode se dar por meio da observação simultânea dos códigos mencionados, pois a observação parcial de um dos códigos não desfaz a interdependência de seu suporte material.

Os sentidos de natureza olfativa e gustativa não foram utilizados como códigos sensoriais na veiculação de informações durante as atividades. Por esse motivo, não apareceram nas subcategorias explicitadas.

Identificação da estrutura semântico-sensorial da linguagem

Tal identificação se deu em razão da interpretação dos efeitos produzidos pelas percepções sensoriais nos significados físicos veiculados durante as atividades. Esses efeitos são entendidos por meio de quatro referenciais associativos entre significado e percepção sensorial: a indissociabilidade, a vinculação, a não relacionabilidade e a relacionabilidade secundária.

Significados indissociáveis

São aqueles cuja representação mental é dependente de determinada percepção sensorial. Esses significados nunca poderão ser representados internamente por meio de percepções sensoriais distintas das que os constituem. Relacionados a esse tipo de significado, identifiquei os descritos na sequência. Esses podem ser interpretados como subcategorias, como seguem:

Significados indissociáveis de representações visuais

Somente podem ser registrados e internamente representados por meio de códigos e representações visuais. A teoria de Vigotski

(1997) sobre a cegueira justifica que os significados indissociáveis de representações visuais são inacessíveis às pessoas cegas de nascimento. Essa teoria afirma que tais pessoas não compreendem o fenômeno luminoso em seu âmbito visual, e sim a partir dos significados sociais a tal fenômeno relacionados. Nesse sentido, a cegueira nativa em nada se assemelha à sensação visual de um vidente com os olhos vendados; ou seja, o cego total de nascimento não vive envolvido na escuridão, já que as ideias de claro, escuro, cores etc. não têm, para esse indivíduo, um significado visual.

Significados indissociáveis de representações não visuais
Somente podem ser registrados e internamente representados por meio de códigos e representações não visuais. O acesso e a compreensão de fenômenos que contêm esses significados são dependentes da observação não visual, na medida em que não são possíveis o registro externo e a representação interna deles por meio de códigos e imagens visuais.

Significados vinculados

São aqueles cuja representação mental não é exclusivamente dependente da percepção sensorial utilizada para seu registro ou esquematização. Sempre poderão ser representados por meio de percepções sensoriais distintas da inicial.

Significados vinculados às representações visuais
Possuem as seguintes características: (a) são significados registrados por códigos visuais e observados pelo olho; (b) tornam-se, por esse motivo, representados internamente por imagens mentais (Paivio apud Bajo; Cañas, 1991); (c) sempre poderão ser registrados e internamente representados por meio de códigos e representações não visuais.

Significados vinculados às representações não visuais
Possuem as seguintes características: (a) são significados registrados por códigos não visuais e observados pelo tato, pela audição etc.; (b) tornam-se, por esse motivo, representados internamente por imagens

mentais não visuais (Paivio apud Bajo; Cañas, 1991); (c) sempre poderão ser registrados e internamente representados por meio de códigos e representações diferentes das que os constituem.

Há, para o caso da indissociabilidade, uma relação inseparável entre significado e percepção sensorial, enquanto, para o caso da vinculação, não.

Significados sensorialmente não relacionáveis (ou sem relação sensorial)

Não possuem vínculo ou associação com nenhuma percepção sensorial. Embora o aprendiz possa construir representações mentais sensoriais acerca de ideias com a presente característica, elas nunca corresponderão de fato aos fenômenos/conceitos que se visam comunicar. As representações mentais com a característica semântico-sensorial aqui discutida encontrar-se-ão sempre no nível analógico, metafórico e artificial. Trata-se, portanto, de significados abstratos referentes a construtos hipotéticos elaborados para a explicação de fenômenos, efeitos, propriedades etc.

Significados de relacionabilidade sensorial secundária (ou de relação sensorial secundária)

São aqueles cuja compreensão estabelece com o elemento sensorial uma relação não prioritária. Em outras palavras, embora ocorram construções de representações mentais sensoriais por parte do aprendiz, essas não representam pré-requisito à compreensão do fenômeno/conceito abordado.

Em síntese, as subcategorias: "não relacionabilidade" e "relacionabilidade secundária" visam expressar, respectivamente, significados de fenômenos/conceitos que não podem ser observados e mentalmente representados por percepções empíricas e significados de fenômenos/conceitos cujas representações internas associam-se a registros e esquematizações externas não fundamentais para seu entendimento ou compreensão.

Finalizando, para caracterizar as linguagens, estabeleci a relação: linguagem = (estrutura empírica) + (estrutura semântico-sensorial). Para avaliar a viabilidade ou dificuldade comunicacional, levei em conta o fato de uma dada linguagem ter ou não tornado acessível ao aluno B os significados por ela veiculados. Em outras palavras, avaliei a acessibilidade em razão da potencialidade comunicativa das estruturas empírica e semântico-sensorial da linguagem em comparação com a característica visual do aluno (cego de nascimento).

A ideia de "representação" que utilizei nessa categoria é aquela contida em Einsenck & Keane (1991, p.202), para os quais representação é "qualquer notação, signo ou conjunto de símbolos capaz de representar, mesmo na ausência do representado, algum aspecto do mundo externo ou de nossa imaginação". De forma mais específica, a presente ideia fundamenta-se no conceito de "representações internas" ou "representações mentais", que ocorrem no nível subjetivo da cognição, do pensamento. Em outras palavras, tais representações referem-se "às formas em que codificamos características, propriedades, imagens, sensações etc, de um objeto percebido ou imaginado, bem como, de um conceito abstrato" (ibidem).

Categoria 2: Contexto comunicacional

Identificadas e caracterizadas as linguagens adequadas ou inadequadas, objetivei compreender em que contextos comunicacionais essas linguagens foram empregadas. Defini o contexto comunicacional em razão de duas variáveis: momento da atividade e padrão discursivo. Ou seja, para a determinação do contexto comunicacional, relacionei duas subcategorias: a ocasião de participação do aluno com deficiência visual nas atividades (subcategoria momento), bem como a característica da relação discursiva estabelecida nessas ocasiões (subcategoria padrão discursivo).

Subcategoria 2.1 (momento)

Refere-se ao espaço instrucional determinado pelos licenciandos para organizarem a presença do aluno com deficiência visual. Dois foram esses espaços: os episódios e os episódios particulares.

Episódios

Referem-se a espaços instrucionais comuns aos alunos com e sem deficiência visual, isto é, momentos em que todos os discentes envolveram-se nas mesmas tarefas coordenadas pelos licenciandos. Uma característica fundamental dos episódios é a não diferenciação de conteúdos, estratégia metodológica e recurso instrucional para aluno com e sem deficiência visual.

Episódios particulares

Dizem respeito aos espaços instrucionais que contaram apenas com a presença do aluno B, ou seja, ocorreram de forma separada e simultânea à aula dos alunos videntes. A característica central desses episódios é a diferenciação, em comparação à participação dos alunos videntes, dos recursos instrucionais utilizados, das estratégias metodológicas empregadas e do conteúdo ou de sua abordagem.

Subcategoria 2.2 (Padrão discursivo)

Fundamenta-se nas ideias de Mortimer & Scott (2002), no trabalho de Monteiro (2002), e foi utilizada como referencial teórico na interpretação do padrão discursivo das atividades de ensino de física. Visei com a presente subcategoria caracterizar as relações interativas ocorridas entre licenciandos e alunos. Tal caracterização foi feita em razão de duas dimensões discursivas, ou seja, discurso interativo ou não interativo e discurso dialógico ou de autoridade.

A diferenciação entre os discursos interativo e não interativo se dá pela identificação do número de "vozes" que participam de uma determinada relação discursiva. Assim, Mortimer & Scott (2002) definiram discurso interativo como aquele que ocorre com a participação de mais de uma pessoa, e discurso não interativo como aquele que ocorre com a participação de uma única pessoa. Exemplifico: se numa aula apenas o professor fala, o discurso é dito não interativo, ao passo que, se, durante a aula, existe a participação dos alunos (apresentação de dúvidas, questões, posições etc.), o discurso é dito interativo.

O estabelecimento de diferenças entre o discurso dialógico e de autoridade se dá por meio da consideração de um ou mais conteúdos discursivos. Como indicam Mortimer & Scott (2002), se mais de uma "voz" é considerada, o padrão discursivo é dialógico, ao passo que, se apenas uma "voz" é ouvida e aceita, o padrão discursivo é de autoridade. Em outras palavras, no discurso dialógico, diversos tipos de opiniões ou pontos de vista são aceitos, e, no discurso de autoridade, apenas uma opinião ou ponto de vista é levado em consideração.

A partir da articulação entre as dimensões descritas, Mortimer & Scott (2002) definiram quatro padrões que caracterizam as interações discursivas entre docente e discente no interior da sala de aula de ciências. Esses padrões são os seguintes:

Interativo/dialógico

Exploração de diferentes ideias, apresentação de pontos de vista, questões, dúvidas etc. Esse tipo de padrão discursivo tem por fundamentação uma argumentação do tipo dialógica, cujas características são as seguintes: (a) ocorrência de compartilhamento de ideias (discentes/discentes e discentes/docente); (b) existência de confrontos de ideias entre os participantes da aula; (c) participação ativa dos discentes no processo de discussão por meio da explicitação de ideias, conclusões e conflitos internos (Monteiro, 2002).

Não interativo/dialógico

Reconsideração por parte do professor de diferentes pontos de vista, destaque de similaridades e diferenças entre as ideias dos discentes.

Como aponta Monteiro (2002), num contexto argumentativo dialógico, uma das funções do professor é mediar as concepções dos alunos. Essa mediação pode se dar por meio de um discurso não interativo/ dialógico, no qual o docente toma para si a palavra a fim de organizar as ideias discutidas por meio das sínteses dos pontos de vista semelhantes e distintos.

Interativo/de autoridade

Visando chegar a um objetivo predeterminado, o professor conduz os alunos por um conjunto de perguntas e respostas. Esse padrão discursivo fundamenta-se num perfil argumentativo socrático, cujas características são as seguintes: na argumentação socrática, o docente ocupa o papel de condutor às ideias cientificamente aceitas, utilizando-se de constantes reformulações de questões até que os discentes apresentem a resposta desejada (Monteiro, 2002).

Não interativo/de autoridade

O docente apresenta um determinado ponto de vista sem ouvir as opiniões dos discentes. Esse tipo de padrão discursivo é caracterizado por uma argumentação retórica, pois o professor ocupa o papel de transmissor persuasivo de conteúdos (Monteiro, 2002). É o tipo de discurso que caracteriza, por exemplo, as aulas expositivas.

A partir das subcategorias apresentadas, defini o contexto comunicacional pela relação: (momento) + (padrão discursivo). Posteriormente, explicitarei e analisarei a relação entre o contexto comunicacional e as linguagens adequadas e inadequadas. Explicitando tal relação, tive o objetivo de compreender quais são os contextos comunicacionais que favorecem e dificultam a utilização de linguagens acessíveis a alunos com deficiência visual em aulas de física.

Categoria 3: Recurso instrucional

Por meio da presente categoria visei caracterizar os recursos instrucionais ou multimeios utilizados pelos licenciandos na condução das atividades. Como indica Libâneo (1994), os recursos instrucionais são os meios e/ou materiais que auxiliam o docente na organização e condução do processo de ensino e aprendizagem. Enquadram-se no conceito de recursos instrucionais equipamentos, textos, trabalhos experimentais, computador, recursos da localidade como biblioteca, museu, indústria, além de modelos de objetos e situações (Libâneo, 1994). Ainda, os multimeios podem ser interpretados como os veículos utilizados para comunicar uma ideia, questões, imagem, áudio, informação ou um conteúdo qualquer (Parra; Parra, 1985).

- *Utilização de multimeios visuais*: Exemplo: quadro-negro, cartazes, fotografias, figuras, mapas, transparências, simulação computacional, visualização computacional, data show etc.
- *Utilização de multimeios auditivos*: Exemplo: rádio, disco, CD, fita magnética, computador etc.
- *Utilização de multimeios audiovisuais*: Exemplo: televisão, vídeo, DVD, simulação computacional etc.
- *Utilização de material tátil e/ou tátil-visual*: Enquadram-se na conceituação desses materiais maquetes e objetos que, além de poderem ser vistos, podem também ser tocados e manipulados. Esses materiais referem-se aos equipamentos que estabelecem interfaces táteis e/ou tátil-visuais entre o conteúdo a ser informado e o receptor da informação. De forma específica, representam materiais desenvolvidos, adaptados ou obtidos pelos licenciandos para a veiculação de informações táteis de um determinado conteúdo para o discente cego, ou informações tátil-visuais entre um determinado conteúdo e alunos videntes. Nesse sentido, representam uma extensão do conceito de multimeio, especificamente ao encontrado em Parra & Parra (1985) que restringe a referida conceituação aos equipamentos de interfaces audiovisuais.

Organização e classificação
de viabilidades e dificuldades

A organização para a identificação de uma viabilidade ou dificuldade de inclusão seguiu três etapas:

a) *Classe ou natureza (identificação da classe da viabilidade ou dificuldade)*. Essa identificação obedeceu ao critério de participação efetiva do aluno com deficiência visual nas atividades de ensino de física. Como mencionei, a participação efetiva do aluno B será interpretada como viabilidade de inclusão, e a não participação efetiva, como dificuldade de inclusão.

b) *Identificação dos participantes das atividades*. Licenciandos e discentes com e sem deficiência visual.

Os licenciandos serão identificados por meio de uma letra maiúscula seguida de um número, de acordo com a estrutura L-x, onde L representa a inicial da letra do grupo a que o licenciando pertence, e o número x representa a ordem que o referido licenciando dirigiu sua aula dentro do grupo. O símbolo L poderá ser constituído por uma letra maiúscula seguida de uma minúscula, na hipótese do nome de o grupo caracterizado por ele ser constituído por duas palavras, como é o caso do grupo de física moderna. Ex. T4. Esse código identifica o quarto licenciando do grupo de termologia a dirigir a atividade dentro do grupo.

Os alunos serão identificados de acordo com o seguinte critério: os alunos com deficiência visual serão identificados pelas letras A e B – ver critério apresentado anteriormente. Alunos videntes serão identificados pelo código A-v. Esse código poderá ser seguido por números dependendo da incidência da participação de alunos videntes em um determinado episódio.

4
PANORAMA DAS DIFICULDADES
E VIABILIDADES PARA A
INCLUSÃO DO ALUNO COM DEFICIÊNCIA
VISUAL EM AULAS DE ÓPTICA

Retomo aqui sinteticamente os procedimentos analíticos para os dados. Adotando os procedimentos: exploração do material; tratamento dos resultados e interpretação, identifiquei dificuldades e viabilidades para a participação efetiva do aluno B nas atividades de física aqui representadas pelas de óptica. No processo de exploração do material, realizei a fragmentação do *corpus* de análise. Para a fragmentação, selecionei trechos que continham a mesma viabilidade ou dificuldade. Em seguida, agrupei as dificuldades e viabilidades de acordo com a classe que as caracterizam. Em outras palavras, o agrupamento foi orientado pela identificação do perfil das dificuldades e viabilidades para a inclusão do aluno com deficiência visual. Enfoco essas dificuldades e viabilidades na sequência.

Em decorrência dos processos de fragmentação e agrupamento, identifiquei quatro classes de dificuldades de inclusão e seis de viabilidades. Essas classes são as seguintes: (a) dificuldades: comunicação, segregação, experimento e operação matemática; (b) viabilidades: comunicação, apresentação de modelos, utilização de materiais, experimento, operação matemática e apresentação de hipóteses. As dificuldades e viabilidades explicitadas representam classes funcionais ou componentes ativos das atividades que expressam, respectivamente, barreiras ou alternativas à participação efetiva do aluno B nas aulas de óptica. No Quadro 1 apresento as classes de dificuldade e viabilidade.

Quadro 1 – Quadro geral de dificuldades e viabilidades (grupo óptica)

Classe/dificuldade/ inclusão	Ocorrência	Classe/viabilidade/ inclusão	Ocorrência
Comunicação	Sim	Comunicação	Sim
Experimento	Sim	Experimento	Sim
Operação matemática	Sim	Operação matemática	Sim
Segregação	Sim	Segregação	Não
Apresentação de modelos	Não	Apresentação de modelos	Sim
Utilização de materiais	Não	Utilização de materiais	Sim
Apresentação de hipótese	Não	Apresentação de hipótese	Sim

Observe no Quadro 1 que as classes: comunicação, experimento e operação matemática foram comuns às dificuldades e viabilidades de inclusão. Note-se, ainda, que há classes que representaram dificuldade ou viabilidade de inclusão. A classe Segregação representou somente dificuldade, ao passo que as classes Apresentação de modelos, Utilização de materiais e Apresentação de hipóteses representaram apenas alternativas à participação efetiva do discente. Isso se deu pelo fato de que essas classes possuem características intrínsecas que as tornam fator gerador de barreiras e/ou alternativas à inclusão do aluno B. Interpretei e analisei essas características por meio das categorias anteriormente definidas. Veja-se na sequência.

Classes que representaram dificuldade e viabilidade à inclusão do aluno B nas aulas de óptica

Dificuldade inerente à comunicação

Identifiquei 101 dificuldades de comunicação entre os participantes videntes e o aluno B (101 momentos de dificuldades). Agrupei essas dificuldades em razão de nove linguagens que, por sua vez, foram

SABERES DOCENTES PARA A INCLUSÃO DO ALUNO... **59**

constituídas pelas seguintes estruturas empíricas: (a) estruturas fundamentais: fundamental auditiva, auditiva e visual independentes e fundamental visual; e (b) estruturas mistas: audiovisual interdependente e tátil-auditiva interdependente.

Em relação ao aspecto semântico-sensorial, os significados ópticos abordados estiveram relacionados a duas estruturas:

a) significado indissociável de representações visuais: exemplos: característica visual da cor, ideia visual de transparente, opaco e translúcido, característica visual dos fenômenos: reflexão e refração da luz, ideia visual de imagem e de fonte de luz, concepção de visão etc.;

b) significado vinculado às representações visuais: exemplos: registro e descrição geométrica de fenômenos ópticos (raio de luz, reflexão, refração, formação de imagem em espelhos e lentes etc.).

No Quadro 2 explicito as estruturas empírico e semântico-sensorial das linguagens geradoras de dificuldades comunicacionais, suas relações e respectivas quantidades.

Quadro 2 – Dificuldades de comunicação em aulas de óptica inerentes ao aluno B – estruturas empírico e semântico-sensorial das linguagens

Empírica (direita) Semântico--sensorial (abaixo)	Audio-visual interde-pendente	Funda-mental auditiva	Tátil--auditiva interde-pendente	Auditiva e visual indepen-dentes	Funda-mental visual	Total horizontal
Significado vinculado às repre-sentações visuais	35	2	2	5	1	45
Significado indisso-ciável de repre-sentações visuais	14	21	12	9	0	56
Total	49	23	14	14	1	101

60 EDER PIRES DE CAMARGO

As nove linguagens geradoras de dificuldades comunicacionais ao aluno B foram, portanto, as seguintes:

Linguagem 1: audiovisual interdependente/significado vinculado às representações visuais

A presente linguagem foi a mais frequente. Caracteriza-se pelo fato de veicular por meio de códigos auditivos e visuais interdependentes significados ópticos vinculados às representações visuais. Na sequência, apresento um exemplo dessa linguagem.

Trecho 1

O-1: Aqui a gente tem um esquema de um raio de luz que indica que a luz está indo para lá ó (indica determinado local)

O-1: Quando a luz atinge a fronteira entre dois meios ópticos podem ocorrer basicamente esses dois fenômenos luminosos, a reflexão e a refração (indica registros projetados)

O-1: A luz bate nesta superfície regular, e é refletida de uma forma ordenada como está aqui neste desenho, Aqui está a reflexão irregular, então chega a luz e esses raios são refletidos assim

Note-se que uma característica peculiar da presente linguagem é a de que o licenciando indica oralmente determinado aspecto visual registrado. Essa característica poderia ser sintetizada por afirmações do tipo: "olha isto como é", "veja como se comporta este gráfico" "isto mais isto dá este resultado". Mas isto o quê?

Linguagem 2: fundamental auditiva/significado indissociável de representações visuais

Essa linguagem foi a segunda mais identificada. Como veicula informações por meio de códigos auditivos, as dificuldades dela originadas se devem exclusivamente à estrutura semântico-sensorial dos significados veiculados. Veja-se um exemplo no trecho 2.

Trecho 2

O-1: A piscina reflete, refrata, tanto é que a gente consegue enxergar o fundo, se não houvesse essa refração nós não conseguiríamos enxergar o fundo da piscina.

O-1: Porque as cores do arco- íris tem aquela ordem?

O-1: Porque você tem corpos de diferentes cores se a luz que ilumina vem do sol? Que cor é a luz que vem do sol?

Observe-se que uma característica peculiar da presente linguagem é a de que o licenciando, durante o processo de veiculação de informações, recorre às "imagens visuais mentais" dos fenômenos ópticos. Isso implica dizer que objetos, situações, experiências etc. abordados durante a aula não se encontram presentes ou externamente registrados. Por esse motivo, essa linguagem não utiliza o apoio de recursos instrucionais para projetar algum tipo de imagem ou situação. Na verdade, essas imagens e situações se encontram projetadas nas "cabeças" dos alunos videntes.

Linguagem 3: audiovisual interdependente/significado indissociável de representações visuais

A linguagem em questão se caracteriza por veicular, por meio de códigos auditivos e visuais interdependentes, significados ópticos indissociáveis de representações visuais. No Trecho 3 exemplifico essa linguagem.

Trecho 3

O-3: Aqui temos um objeto transparente e um opaco. Notem o que acontece quando eu incido luz sobre eles.

O-3: Isso que vocês estão vendo aqui nada mais é do que arco íris não é? (Licenciando coloca sobre o data show um prisma de água)

Assim como na Linguagem 1, a presente também possui a característica peculiar de indicar-se oralmente determinado aspecto visual registrado/projetado. "Olhem como é, vejam esta característica" etc. A diferença, entretanto, reside no fato de que o objeto registrado ou projetado possui significado indissociável de representações visuais (cores, transparência, opacidade etc.).

Linguagem 4: tátil-auditiva interdependente/significado indissociável de representações visuais

Esteve relacionada à utilização de maquetes táteis construídas para o ensino dos alunos com deficiência visual. Fundamenta-se na incompatibilidade entre o potencial comunicacional de sua estrutura empírica e os significados que se visam comunicar. Em outras palavras, códigos táteis e auditivos não veiculam informações indissociáveis de representações visuais, ou seja, tocar e ouvir nunca farão que cegos de nascimento compreendam significados como cores, transparente, opaco etc. Veja um exemplo dessa linguagem no Trecho 4 que representa a tentativa de O-2 comunicar para B a ideia da dispersão da luz branca.

Trecho 4

O-2: Esse fio entrelaçado aqui é como se fosse a luz branca, consegue perceber?

O-2: A luz está entrando, você percebeu que ela está entrando, e ela passa por dentro desse material, dá para você colocar a mão por dentro desse material, e essa luz ela se separa ai dentro.

O-2: Então quando a gente fala em cor, as cores são cada cordinha dessas que você está sentindo, cada cordinha está representando uma cor, essas cordinhas que você está tocando estão representando cada cor do arco-íris.

O-2: A primeira em baixo, a primeira que você está sentindo é o violeta. Ai vai indo, tem várias cores, anil, azul, você pegou na verde, a de cima é a amarela, depois a laranja e por último a vermelha.

Figura 3 – Maquete tátil-visual do fenômeno da dispersão da luz branca.

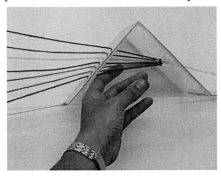

Note-se que a dificuldade que destaquei refere-se exclusivamente à ideia visual de cor, que não pode ser veiculada por meio de códigos táteis e auditivos. Para as outras ideias, como a de que a luz se decompõe ao passar de um meio físico para outro, ou a da sequência de cores formada dentro do segundo meio, a linguagem é adequada. Portanto, para um entendimento correto da dificuldade comunicacional de uma determinada linguagem, é imprescindível focalizar que significado se está analisando.

Linguagem 5: auditiva e visual independentes/significado indissociável de representações visuais

Essa linguagem é marcada por veicular simultaneamente por meio dos códigos auditivos e visuais, significados com a característica semântico-sensorial mencionada. Verifiquei tal dificuldade em dois tipos de situações: (1) licenciando projetava e descrevia oralmente frases contendo significados indissociáveis de representações visuais; (2) licenciando realizava experimentos demonstrativos ou apresentava registros visuais de fenômenos, e de forma simultânea e independente, falava acerca de seus significados. Veja exemplos do que mencionei nos Trechos 5 e 6.

Trecho 5 – Exemplo de situação 1:
Licenciando projeta e lê a frase transcrita abaixo

O-1: O estudo da óptica proporcionou a humanidade um grande avanço, não só na qualidade de vida de quem usa óculos, como também o cinema e a televisão que passaram de preto e branco para colorido etc.

A veiculação de informações do trecho descrito foi constituída de duas linguagens fundamentais independentes, a linguagem auditiva, que teve como suporte material a fala do licenciando, e a linguagem visual, cujo suporte material deu-se por meio da projeção das informações em uma tela (data show). A visualização das frases projetadas não representou pré-requisito ao acesso por parte do aluno B às informações veiculadas. O que interpretei como um fator dificultador de comunicação foi a estrutura semântico-sensorial da linguagem que se mostrou indissociável de representações visuais. O licenciando indicou em sua fala a importância do conhecimento óptico para quem usa óculos e para o desenvolvimento do cinema e da televisão. Essa indicação é carregada de trivialidades na medida em que atinge um público cujas experiências com os objetos descritos são influenciadas pela visão. Em outras palavras, para um aluno vidente, é lógica a importância dos óculos para quem, por exemplo, tem miopia; são claras as diferenças entre as imagens de filmes antigos e recentes, bem como de televisões coloridas ou branco e preto. Por sua vez, para um aluno cego de nascimento, é trivial a compreensão de experiências como as descritas? O que significa para um aluno cego a ideia de óculos e sua importância para quem tem problemas visuais simples? Qual é o significado de locais como cinema; qual é o significado do que as pessoas assistem lá? Qual é a diferença entre uma televisão em cores e uma em branco e preto? Entende-se que os significados indissociáveis de representações visuais ligados aos objetos descritos não podem ser comunicados a alunos cegos de nascimento. Entretanto, é importante salientar que esses significados não são os únicos ligados aos objetos mencionados. Nesse sentido, a compreensão do aluno cego de nascimento vincular-se-á ao conjunto de significados não visuais e sociais relacionados aos objetos descritos.

Trecho 6 – Exemplo de situação 2: Um dos licenciandos aproxima luzes de diferentes cores sobre uma camisa branca

O-3: Eu estou aproximando a luz vermelha da camiseta branca. O que vocês perceberam?

A-Vs: A camiseta ficou vermelha

O-3: E agora com a luz azul?

A-Vs: Ficou azul

A veiculação de informações descritas pode ser caracterizada como constituída por códigos auditivo e visual articulados de forma independentes. Esses códigos tiveram como suporte material a fala do licenciando e dos alunos videntes e a informação visual proveniente das luzes. A estrutura semântico-sensorial da linguagem encontrou--se indissociável de representações visuais, pois, referiu-se à cor de um corpo.

Linguagem 6: auditiva e visual independentes/significado vinculado às representações visuais

Tal linguagem veicula, por meio de códigos auditivos e visuais independentes, significados vinculados às representações visuais. Diferentemente dos significados indissociáveis, os vinculados podem ser representados de forma não visual. Essas representações são construídas a partir das características materiais dos registros de objetos constituídos dos mencionados significados.

Trecho 7
O-1: Ano luz é a distância que a luz viaja no vácuo durante 1 ano, e 1 ano luz é equivalente a 9,45 vezes 10 elevado a 12 km.

A declaração transcrita refere-se à apresentação de valores numéricos por meio de notação científica. Nela, o licenciando apresenta o valor em metros para a distância astronômica de um ano luz. Ao projetar por meio de um data show a notação científica de um ano luz (código visual), o licenciando repetiu oralmente esse valor utilizando-se de uma expressão característica da mencionada notação, ou seja, "um certo valor vezes dez elevado a uma certa potência". É importante destacar que o registro gráfico de uma potência possui a seguinte estrutura visual: dois números, um grande e um pequeno, localizados, respectivamente, na parte inferior e superior da estrutura. Essa representação se dá em razão de elementos visuais, o que implica dizer que quem codifica a informação de uma potência espera que o decodificador seja capaz de efetuar a decodificação por meio da representação visual. Esse fato se reflete na expressão verbal do referido código, na medida em que reproduz oralmente aquilo que é visível. Exemplos: dez elevado à quarta, dois elevado ao cubo, cinco elevado ao quadrado. Para um aluno cego, as seguintes questões são pertinentes: o que foi elevado? É um cubo? É um quadrado? O dez está na parte de cima da quarta? Gostaria de mencionar que notações de potências em Braille não seguem a estrutura de "algo elevado a algo". Em Braille, essas notações ocorrem horizontalmente, e, portanto, a palavra "elevado", que descreve de forma oral um registro visual, não faz sentido para alunos com deficiência visual usuários do Braille.

Linguagem 7: tátil-auditiva interdependente/significado vinculado às representações visuais

Responsável por 2% das dificuldades de comunicação do aluno B, caracteriza-se pelo fato de veicular, por meio de códigos táteis e auditivos interdependentes, significados vinculados às representações visuais. Em outras palavras, o recurso instrucional empregado pelos licenciandos para apoiar o processo comunicativo possuía características visuais não registradas tatilmente nem descritas oralmente.

Trecho 8 – *Licenciando utiliza maquete da dispersão da luz para explicar o fenômeno do arco-íris (ver Figura 3)*

O-2: Então a luz branca que entra no prisma ela se separa em sete cores que são as cores do arco-íris

B: Mas não parece um arco!

A maquete não apresentava a descrição tátil da geometria do fenômeno mencionado (ver Figura 3). O aluno B observara pelo tato a maquete lateralmente. Por isso, sua dúvida: "Mas não parece um arco!". A forma de arco deve-se ao fato de que essa geometria somente pode ser vista se o observador estiver posicionado no vértice do cone de luz para onde convergem os raios de luz que sofrem dispersão ao atravessar partículas de água suspensas no ar (base de formato de um semicírculo). Observo que o significado aqui destacado se refere à geometria do fenômeno do arco-íris e não aos significados visuais de suas cores. Se tais significados focem considerados, também representariam dificuldade de comunicação, já que códigos táteis não veiculam significados dessa natureza.

Linguagem 8: fundamental auditiva/significado vinculado às representações visuais

Essa linguagem veicula, por meio de códigos auditivos, significados vinculados às representações visuais. Em outras palavras, os licenciandos falavam acerca de registros ou esquemas conhecidos apenas pelos alunos videntes. Destaco um exemplo no Trecho 9.

Trecho 9

O-6: Um sobre o foco é igual a um sobre p mais um sobre o valor de P linha

A: Valor de p linha! O que é p linha?

O-6: É a distância da imagem ao espelho

A: Chama p linha?

O-6: Exatamente, p linha, p com índice linha.

A: Não entendi

O-6: São três elementos só: um sobre f, igualdade, um sobre p, soma, um sobre p linha.

A: Um sobre p linha também é um exemplo?

O-6: É tudo sobre, um sobre o foco, é igual a um sobre p mais um sobre p linha.

A: é o que, multiplica para dar o resultado?

O-6: soma um sobre p mais um sobre p linha

A: ai precisaria do Braille para fazer cálculo assim, se não está na cabeça a equação, fica difícil

O aluno B participou como ouvinte da interação entre O-6 e A descrita no Trecho 9. Na explicação da aplicação da lei de Gaus, O-6 utilizou uma linguagem de estrutura empírica fundamental auditiva, linguagem essa insuficiente para a descrição da equação e do desenvolvimento do processo matemático. Isso se deveu especialmente pelo fato do significado dos códigos estarem vinculados às representações visuais e por o aluno B não possuir representações não visuais desses significados. Por exemplo, o que teria B interpretado do termo "P linha"? Teria ele interpretado o significado de "linha" ao pé da letra? A adição do apóstrofo junto à letra *p* constitui um significado vinculado à

68 EDER PIRES DE CAMARGO

uma representação visual trivial aos videntes e inadequada aos alunos com deficiência visual.

A participação de B como ouvinte se deu pelas características discursivas daquele momento da atividade; ou seja, o licenciando abordou conceitos físicos em um episódio particular. Nesse episódio, O-6 apresentava explicações para o discente A, enquanto B ouvia essas explicações. Explicitarei detalhes das potencialidades e limitações dos episódios particulares posteriormente.

Linguagem 9: fundamental visual/significado vinculado às representações visuais

Caracteriza-se pelo fato de veicular, por meio de códigos visuais, significados vinculados às representações visuais. A identificou quando um dos licenciandos, sem realizar descrições orais, projetou através do data show o registro visual de uma câmara escura. A informação, portanto, foi veiculada por meio de código visual e referia-se às características geométricas da relação objeto/imagem (significado vinculado às representações visuais). Algo que considerei positivo foi o fato de esse perfil linguístico ter sido verificado em apenas uma ocasião.

Note-se que a veiculação dos significados vinculados e indissociáveis de representações visuais constituiu-se na base das dificuldades de comunicação entre os licenciandos e o aluno cego de nascimento. Essas dificuldades objetivaram-se por meio de linguagens constituídas de estruturas empíricas de acesso visualmente dependente (audiovisual interdependente e fundamental visual) e de acesso visualmente independente (tátil-auditiva interdependente, fundamental auditiva e auditiva e visual independente). Dessa forma, dificuldades geradas por linguagem de acesso visualmente dependente se fundamentam tanto na estrutura empírica, como na estrutura semântico-sensorial dos significados abordados (prioritariamente significados vinculados às representações visuais). Já as dificuldades geradas por linguagens de acesso visualmente independente fundamentam-se na estrutura semântico-sensorial dos significados abordados (prioritariamente significados indissociáveis de representações visuais).

Note-se ainda que as linguagens constituídas de estrutura empírica audiovisual interdependente representaram a principal barreira comunicacional entre os licenciandos e o aluno cego de nascimento, tanto pela predominância de utilização quanto pela forma como organizam a veiculação de significados (observação simultânea dos códigos auditivos e visuais que dão suporte material à veiculação de informações).

Procurei sintetizar no Quadro 3 as linguagens geradoras de dificuldades comunicacionais, a característica peculiar da linguagem (se houver), suas porcentagens aproximadas, bem como o recurso instrucional mais frequente em cada uma delas.

Quadro 3 – Linguagens geradoras de dificuldades de comunicação (grupo de óptica)

Linguagem	Porcentagem (aprox.)	Característica peculiar	Recurso instrucional mais empregado
Linguagem 1	35%	Indicar oralmente registros visuais	Lousa, data show, retroprojetor
Linguagem 2	20%	Recorrência a "imagens visuais mentais"	Não utilizado
Linguagem 3	14%	Indicar oralmente registros/fenômenos visuais	Data show, retroprojetor, materiais experimentais
Linguagem 4	12%	Tato/som não veiculam significados visualmente indissociáveis	Maquetes para os alunos com deficiência visual
Linguagem 5	9%	Som não veicula significados visualmente indissociáveis	Retroprojetor, data show, equipamentos experimentais
Linguagem 6	5%	Detalhamento oral insuficiente	Lousa, data show, retroprojetor
Linguagem 7	2%	Inexistência de registros não visuais nas maquetes, descrição oral insuficiente	Maquetes para os alunos com deficiência visual
Linguagem 8	2%	Recorrência à representações dos alunos videntes de significados visualmente vinculados	Não utilizado
Linguagem 9	1%	Apresentação visual	Data show

Viabilidade inerente à comunicação

Identifiquei 97 viabilidades de comunicação entre os participantes videntes e o aluno B (97 momentos de viabilidade). Agrupei essas viabilidades em razão de cinco linguagens que ficaram organizadas *em torno* das seguintes estruturas empíricas: (a) estruturas fundamentais: fundamental auditiva, auditiva e visual independentes e tátil e auditiva independentes; e (b) estrutura mista tátil-auditiva interdependente.

Em relação ao aspecto semântico-sensorial, os significados ópticos veiculados estiveram relacionados a duas estruturas:

a) significado vinculado às representações não visuais. Exemplos: registros táteis de raios de luz paralelo, convergente e divergente, das características geométricas das reflexões regular e difusa e do fenômeno da dispersão da luz; registro tátil da geometria da relação objeto, imagem e raio de luz em lentes e espelhos planos e esféricos; registro tátil de ângulos de incidência, aspectos geométricos dos fenômenos: reflexão e refração, relação entre cor e comprimento de onda, diferença entre a velocidade da luz na água e no ar etc.;

b) significado indissociável de representações não visuais. Exemplos: fenômeno da absorção da luz; relação entre energia luminosa e térmica etc.

No Quadro 4 explicito as estruturas empíricas e semântico-sensoriais das linguagens geradoras de viabilidades comunicacionais ao aluno B, suas relações e respectivas quantidades.

Quadro 4 – Viabilidade de comunicação para as atividades de óptica – estruturas empírica e semântico-sensorial das linguagens

Empírica (direita) Semântico-sensorial (abaixo)	Tátil-auditiva interdependente	Fundamental auditiva	Auditiva e visual independentes	Tátil e auditiva independentes	Total horizontal
Significado vinculado às representações não visuais	59	30	4	0	93
Significado indissociável de representações não visuais	0	2	0	2	4
Total vertical	59	32	4	2	97

As cinco linguagens geradoras de viabilidades comunicacionais foram, portanto, as seguintes.

Linguagem 10: tátil-auditiva interdependente/significado vinculado às representações não visuais

Em relação à presente linguagem, *o* recurso instrucional empregado para apoiar o processo comunicativo possuía registros táteis percebidos pelo aluno B e descritos oralmente pelos licenciandos. No Trecho 10 apresento um exemplo dessa linguagem.

Trecho 10

O-2: Esses daqui são os raios divergentes, eles vêm daqui nesse sentido, ou seja, eles vão abrindo, conseguem perceber isto?

O-2: E os do lado são os convergentes, eles vêm daqui, eles vão fechando, está percebendo?

O-2: Então, quando a gente estiver trabalhando com raio de luz, a gente vai estar trabalhando com um risquinho só, só com este risquinho aqui.

Mostra as representações táteis da maquete de raio de luz (Figura 4).

Figura 4 – Registro tátil-visual de raio de luz, raios paralelos, convergentes e divergentes.

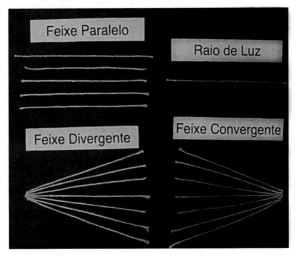

72   EDER PIRES DE CAMARGO

Note-se que a marca dessa linguagem é a ação do licenciando conduzir a mão do aluno com deficiência visual sobre os registros táteis contidos nas maquetes ou materiais. Enquanto conduz, descreve oralmente aquilo que se encontra registrado tatilmente.

Linguagem 11: fundamental auditiva/significado vinculado às representações não visuais

Destaco aqui que os licenciandos falavam acerca de registros não visuais ou ideias conhecidas do aluno B. Apresento um exemplo dessa linguagem no Trecho 11.

Trecho 11

O-2: O que seria essa ideia de comprimento de onda?

O-2: Imaginem uma corda balançando para cima e para baixo; ela tem aquela parte que sobe e desce e que sobe de novo.

O-2: Então a gente chama de crista a cada subida da corda; entre duas cristas você tem o que a gente chama de comprimento de onda.

O-2: Imaginem as ondas do mar. Vem uma onda, aí sabe quando tem aquela sequência? Imagina que entre uma e outra você tem duas cristas, é como se fosse isso o comprimento de onda.

O-2: O vermelho tem o comprimento de onda maior, então a distância do vermelho entre uma crista e outra é maior do que a do azul que tem o comprimento de onda menor.

O que marca esse perfil linguístico é o detalhamento oral de significados vinculados às representações não visuais. No exemplo que apresentei, o licenciando descreveu comprimento de onda a partir do movimento da corda e das ondas do mar e relacionou a ideia mencionada às cores. Esses exemplos, que contêm significados vinculados às representações não visuais, foram acessíveis ao aluno B. Gostaria que o leitor notasse que o significado aqui descrito como acessível é o referente à relação: comprimento de onda/cor e não o significado visual de cor. É importante que o leitor tenha ciência de que um determinado fenômeno pode possuir vários significados, como é o exemplo da ideia de cor. Se, por um lado, a cor está relacionada com fenômeno visual, que não pode ser comunicado por linguagem não visual, por outro, há significados para cor, como é o caso do comprimento de onda, que não estabelece com a visão uma relação prioritária.

Linguagem 12: auditiva e visual independentes/significado vinculado às representações não visuais

Apresento na sequência um exemplo dessa linguagem.

Trecho 12

O-1: O que é a luz?

O-1: A princípio para a gente nesta parte da óptica o interessante é pensar na luz como uma onda.

Informações projetadas e lidas pelo licenciando

O que marca essa linguagem é a simultaneidade entre projeção e descrição oral de informações. Tais informações (descritas oral e visualmente) contêm os mesmos significados vinculados às representações não visuais. Note-se que a informação abordada é a da luz como sendo uma onda, ideia essa que pode ser descrita tatilmente.

Linguagem 13: fundamental auditiva/significado indissociável de representações não visuais

Observe um exemplo da presente linguagem no Trecho 13.

Trecho 13

O-4: O que esquenta mais, o preto ou o branco?

B: O preto.

O-4: Então, em um dia de verão, você vai preferir sair de roupa?

B: Clara!

Do ponto de vista semântico-sensorial, note-se que o licenciando não relacionou o significado de cor a representações visuais. O exemplo das roupas e da sensação térmica possibilitou um referencial não visual para a compreensão de cor. Nesse contexto, é possível que B, ao associar o branco e o preto a distintas sensações térmicas, tenha estabelecido representações não visuais para a ideia de cor e, dessa forma, compreendido a informação veiculada pelo licenciando.

Linguagem 14: tátil e auditiva independentes/significado indissociável de representações não visuais

Foi identificada quando B reconheceu de forma tátil e auditiva o formato e o som proveniente de um caleidoscópio (reconhecimento não visual de material experimental). Não há trecho que possa ser aqui descrito. A evidência de viabilidade de comunicação somente pôde ser observada nas filmagens.

Procurarei agora sintetizar as viabilidades de comunicação. Note-se que ocorreu entre os licenciandos e o aluno B veiculação de significados vinculados e indissociáveis de representações não visuais. Tal veiculação objetivou-se por meio de linguagens constituídas de estruturas empíricas de acesso visualmente independente (fundamental auditiva, auditiva e visual independentes, tátil e auditiva independente e tátil-auditiva interdependente). Linguagens constituídas pelas estruturas empíricas tátil-auditiva interdependente e fundamental auditiva mostraram-se predominantes na veiculação de informações, representando, respectivamente, 60,8% e 31,9% de comunicação adequada. No Quadro 5, exemplifico as constatações indicadas.

Quadro 5 – Síntese e características das linguagens geradoras de viabilidades comunicacionais nas aulas de óptica

Linguagem	Porcentagem aproximada	Característica peculiar	Recurso instrucional mais empregado
Linguagem 10	61%	Condução das mãos do aluno	Maquetes táteis
Linguagem 11	31%	Recorrência à "imagens não visuais mentais"	Não utilizado
Linguagem 12	4%	Descrever oralmente frases projetadas	Data show, retroprojetor
Linguagem 13	2%	Descrição oral de significados não visuais	Não utilizado
Linguagem 14	2%	Descrição tátil e auditiva	Equipamentos experimentais

Relação entre linguagem e contexto comunicacional

Para que o leitor possa entender a abordagem metodológica empregada pelos licenciandos nas atividades de óptica, retomo agora a quantidade de ocorrência de dificuldade e viabilidade de comunicação. A quantidade de dificuldade foi de 101 (nove perfis linguísticos) e a de viabilidade, 97 (cinco perfis linguísticos). Aproximadamente 60% desse conjunto ocorreu em episódios comuns a todos os alunos e 40% em episódios particulares. A cada dificuldade e viabilidade associei um momento e um padrão discursivo. Combinando os momentos e os padrões discursivos, obtive cinco contextos comunicacionais que descrevo de forma decrescente de ocorrência: episódio particular interativo/de autoridade; episódio não interativo/de autoridade; episódio interativo/de autoridade; episódio interativo/dialógico; e episódio particular não interativo/de autoridade.

A grande maioria da ocorrência de episódios particulares (em torno de 85%) caracterizou-se por relações discursivas interativas/de autoridade, enquanto a minoria (em torno de 15%) por relações discursivas não interativas/de autoridade. Por sua vez, aproximadamente 40% da ocorrência de episódios comuns a todos os alunos caracterizou-se por relações discursivas não interativas/de autoridade, 30% por relações discursivas interativas de autoridade e outros 30% por relações discursivas interativas/dialógicas.

O contexto apresentado contribui ao entendimento da organização das atividades em relação à presença do aluno com deficiência visual, que se deu, na maioria das vezes, em atividades comuns a todos os discentes, e em determinadas ocasiões, em atividades particulares. Indicam ainda o perfil discursivo das atividades, fundamentado, prioritariamente, em argumentações retórica e socrática, e de forma secundária, em argumentações dialógicas. Na sequência, apresento uma análise detalhada desses aspectos.

Contexto comunicacional/linguagem geradora de dificuldades

No Quadro 6 indico a relação entre contexto comunicacional e linguagem geradora de dificuldade, bem como o impacto quantitativo dessa relação.

Quadro 6 – Relaciona as variáveis: contexto comunicacional e linguagem inacessível (grupo de óptica)

Contexto comunicacional (direita) Linguagem (abaixo)	Episódio não interativo/de autoridade	Episódio interativo/de autoridade	Episódio interativo/ dialógico	Episódio particular interativo/de autoridade	Episódio particular não interativo/de autoridade	Quantidade horizontal
Audiovisual interdependente/ significado vinculado às representações visuais.	26	6	2	0	1	35
Fundamental auditiva/ significado indissociável de representações visuais.	3	12	6	0	0	21
Audiovisual interdependente/ significado indissociável de representações visuais.	8	4	2	0	0	14
Tátil-auditiva interdependente/ significado indissociável de representações visuais.	0	0	0	10	2	12

continua

Contexto comuni-cacional (direita) Linguagem (abaixo)	Episódio não inte-rativo/de autori-dade	Episódio intera-tivo/de autori-dade	Episódio intera-tivo/ dialógico	Episódio particular intera-tivo/de autori-dade	Episódio particular não inte-rativo/de autori-dade	Quan-tidade horizontal
Auditiva e visual inde-pendentes/ significado indisso-ciável de representa-ções visuais.	3	2	4	0	0	9
Auditiva e visual inde-pendentes/ significado vinculado às representa-ções visuais.	3	1	1	0	0	5
Tátil-audi-tiva interde-pendente/ significado vinculado às representa-ções visuais.	0	0	0	0	2	2
Fundamen-tal auditiva/ significado vinculado às representa-ções visuais.	0	0	0	2	0	2
Fundamen-tal visual/ significado vinculado às representa-ções visuais.	1	0	0	0	0	1
Quantidade vertical	44	25	15	14	3	101

A análise do Quadro 6 indica que perfil linguístico gerador de dificuldade mostrou-se mais comum em determinado contexto comunicacional. Nessa análise, enfatizo a relação contexto comunicacional/linguagem inacessível ao aluno cego de nascimento.

Episódio não interativo/de autoridade

Nesse contexto, aproximadamente 60% das dificuldades estiveram relacionadas ao emprego de linguagem audiovisual interdependente/ significado vinculado às representações visuais; 18%. ao emprego de linguagem audiovisual interdependente/significado indissociável de representações visuais; 7%, relacionadas, respectivamente, ao emprego das linguagens fundamental auditiva/significado indissociável de representações visuais, auditiva e visual independentes/significado indissociável de representações visuais e auditiva e visual independentes/significado vinculado à representações visuais. Finalmente, aproximadamente 2% das dificuldades estiveram relacionadas ao emprego de linguagem fundamental visual/significado vinculado às representações visuais.

Destaco que as dificuldades identificadas estiveram relacionadas a duas características estruturais predominantes: (a) utilização de linguagens de acesso visualmente dependente (audiovisual interdependente e fundamental visual); e (b) abordagem de significados vinculados às representações visuais.

Episódio interativo/de autoridade

Aqui, 48% das dificuldades estiveram relacionadas ao emprego de linguagem fundamental auditiva/significado indissociável de representações visuais; 24%, ao emprego de linguagem audiovisual interdependente/significado vinculado às representações visuais; 16%, ao emprego de linguagem audiovisual interdependente/significado indissociável de representações visuais; 8,0%, ao emprego de linguagem auditiva e visual independentes/significado indissociável de representações visuais; e 4,0%, ao emprego de linguagem auditiva e visual independentes/significado vinculado às representações visuais.

Em termos estruturais, destaco que esse contexto esteve relacionado a duas características predominantes: (a) emprego de linguagens de acesso visualmente independente (fundamental auditiva e auditiva e visual independentes); e (b) abordagem majoritária de significados indissociáveis de representações visuais.

Episódio interativo/dialógico

Nesse contexto, 40% das dificuldades estiveram relacionadas ao emprego de linguagem fundamental auditiva/significado indissociável de representações visuais; aproximadamente 27%, ao emprego de linguagem auditiva e visual independentes/significado indissociável de representações visuais; em torno de 13%, relacionadas, respectivamente, ao emprego de linguagens audiovisual interdependente/significado indissociável de representações visuais e audiovisual interdependente/significado vinculado às representações visuais; e ainda, aproximadamente 7%, ao emprego de linguagem auditiva e visual independentes/significado vinculado às representações visuais.

Em termos estruturais, o presente contexto esteve relacionado a duas características predominantes: (a) emprego de linguagens de acesso visualmente independente (linguagens fundamental auditiva e auditiva e visual independentes); e (b) abordagem de significados indissociáveis de representações visuais.

Episódio particular interativo/de autoridade

No presente contexto, aproximadamente 70% das dificuldades estiveram relacionadas ao emprego de linguagem tátil-auditiva interdependente/significado indissociável de representações visuais; em torno de 15%, ao emprego de linguagem tátil-auditiva interdependente/significado vinculado às representações visuais; e outros 15%, ao emprego de linguagem fundamental auditiva/significado vinculado às representações visuais.

Em termos estruturais, o presente contexto esteve relacionado a duas características predominantes: (a) 100% de emprego de linguagens de acesso visualmente independente (tátil-auditiva interdependente e fundamental auditiva); e (b) abordagem majoritária de significados indissociáveis de representações visuais (aproximadamente 70%). Destaco que todos os significados com essa estrutura semântico-sensorial foram abordados por meio de linguagem de estrutura empírica tátil-auditiva interdependente.

Episódio particular não interativo/de autoridade

Nesse contexto, aproximadamente 67% das dificuldades estiveram relacionadas ao emprego de linguagem tátil-auditiva interdependente/significado indissociável de representações visuais; e 33%, ao emprego de linguagem audiovisual interdependente/significado vinculado às representações visuais.

O presente contexto esteve relacionado a duas características majoritárias: (a) emprego de linguagem visualmente independente (tátil-auditiva interdependente); e (b) abordagem de significados indissociáveis de representações visuais. Destaco que esses significados estiveram relacionados à linguagem de estrutura empírica tátil-auditiva interdependente.

Sintetizando: o emprego de linguagens de estrutura empírica audiovisual interdependente, presentes em quase 50% das dificuldades comunicacionais, foi identificado, quase que totalmente, em contextos comuns a todos os alunos. Apenas 2% do emprego desse perfil empírico foi verificado em episódios particulares. A utilização de linguagens de estruturas empíricas fundamental auditiva e auditiva e visual independentes, presentes em aproximadamente 40% das dificuldades comunicacionais, foi identificada somente em contextos comuns a todos os alunos. Linguagens de estrutura empírica tátil-auditiva interdependente, presentes em aproximadamente 14% das dificuldades, foram verificadas somente em episódios particulares.

Esses números indicam oito características marcantes das dificuldades comunicacionais do grupo de óptica:

a) predominância de dificuldades relacionadas à estrutura empírica audiovisual interdependente;

b) a totalidade das dificuldades esteve relacionada aos significados vinculados ou indissociáveis de representações visuais;

c) o emprego de linguagem de estrutura empírica audiovisual interdependente deu-se quase que totalmente em episódios comuns a todos os alunos;

d) as dificuldades oriundas de estrutura empírica audiovisual interdependente decresceram à medida que os episódios tornaram-se mais interativos e/ou dialógicos;

e) as dificuldades oriundas de estrutura empírica audiovisual interdependente relacionaram-se prioritariamente aos significados vinculados às representações visuais;

f) à medida que os episódios tornaram-se mais interativos e/ou dialógicos, intensificou-se o emprego de linguagens de estruturas empíricas fundamental auditiva e auditiva e visual independente;

g) em episódios mais interativos e/ou dialógicos as dificuldades concentraram-se na estrutura semântico-sensorial dos significados;

h) dificuldades oriundas de episódios particulares concentraram-se na estrutura semântico-sensorial dos significados.

Contexto comunicacional/linguagem geradora de viabilidades

Observe o Quadro 7. Nele explicito a relação entre contexto comunicacional e linguagem geradora de viabilidade, bem como o impacto quantitativo dessa relação.

Quadro 7 – Relaciona as variáveis: momento, padrão discursivo e linguagens acessíveis (grupo de óptica)

Contexto comunicacional (direita) Linguagem (abaixo)	Episódio particular interativo/de autoridade	Episódio interativo/dialógico	Episódio interativo/de autoridade	Episódio particular não interativo/de autoridade	Episódio não interativo/de autoridade	Quantidade horizontal
Tátil-auditiva interdependente/ significado vinculado às representações não visuais	47	6	0	6	0	59
Fundamental auditiva/ significado vinculado às representações não visuais	6	12	9	0	3	30

continua

Contexto comunicacional (direita) Linguagem (abaixo)	Episódio particular interativo/de autoridade	Episódio interativo/dialógico	Episódio interativo/de autoridade	Episódio particular não interativo/de autoridade	Episódio não interativo/de autoridade	Quantidade horizontal
Auditiva e visual independentes/ significado vinculado às representações não visuais	0	1	2	0	1	4
Fundamental auditiva/ significado indissociável de representações não visuais	0	0	0	1	1	2
Tátil e auditiva independentes/significado indissociável de representações não visuais	0	2	0	0	0	2
Quantidade vertical	53	21	11	7	5	97

A análise do Quadro 7 indica que perfil linguístico gerador de viabilidade mostrou-se mais comum em determinado contexto comunicacional. Essa análise enfatiza a relação contexto comunicacional/ linguagem acessível ao aluno cego de nascimento.

Episódio particular interativo/de autoridade

Aqui, em torno de 89% das viabilidades estiveram relacionadas ao emprego de linguagem tátil-auditiva interdependente/significado vinculado às representações não visuais; e 11%, ao emprego de linguagem fundamental auditiva/significado vinculado às representações não visuais.

Episódio interativo/dialógico

No presente contexto, aproximadamente 57% das viabilidades estiveram relacionadas ao emprego de linguagem fundamental auditiva/significado vinculado às representações não visuais; 29%, ao emprego de linguagem tátil-auditiva interdependente/significado vinculado às representações não visuais; 10%, ao emprego de linguagem tátil e auditiva independentes/significado vinculado às representações não visuais; e 5%, ao emprego de linguagem auditiva e visual independentes/significado vinculado às representações não visuais.

Episódio interativo/de autoridade

Nesse contexto, aproximadamente 82% das viabilidades estiveram relacionadas ao emprego de linguagem fundamental auditiva/significado vinculado às representações não visuais; e 18%, ao emprego de linguagem auditiva e visual independentes/significado vinculado às representações não visuais.

Episódio particular não interativo/de autoridade

Aqui, em torno de 86% das viabilidades estiveram relacionadas ao emprego de linguagem tátil-auditiva interdependentes/significado vinculado às representações não visuais; e 14%, ao emprego de linguagem fundamental auditiva/significado indissociável de representações não visuais.

Episódio não interativo/de autoridade

Aqui, 60% das viabilidades estiveram relacionadas ao emprego de linguagem fundamental auditiva/significado vinculado às representações não visuais; 20%, ao emprego de linguagem auditiva e visual independentes/significado vinculado às representações não visuais; e outros 20%, ao emprego de linguagem fundamental auditiva/significado indissociável de representações não visuais.

Em termos estruturais, as viabilidades identificadas estiveram relacionadas a duas características predominantes: (a) utilização exclusiva de linguagens de acesso visualmente independente; e (b) abordagem de significados vinculados às representações não visuais.

O emprego da linguagem de estrutura empírica tátil-auditiva interdependente, presente em aproximadamente 66% das viabilidades, foi identificado de forma predominante em contextos particulares interativos de comunicação. Episódios interativos/dialógicos possibilitaram, de forma viável, a utilização de estrutura tátil-auditiva interdependente junto ao aluno cego. O emprego de linguagens de estrutura empírica fundamental auditiva, presentes em aproximadamente 30% das viabilidades, foi identificado tanto nos contextos comuns a todos os alunos quanto nos particulares. Dessa forma, a ocorrência de viabilidades relacionadas a esse perfil linguístico mostrou-se predominante em contextos interativos e/ou dialógicos e comuns a todos os alunos. Linguagens de estrutura empírica auditiva e visual independentes, presentes em aproximadamente 4% das viabilidades, foram verificadas somente em episódios comuns a todos os alunos.

A partir do que foi discutido, oito características marcantes das viabilidades comunicacionais do grupo de óptica podem ser elencadas:

a) predominância de viabilidades nos contextos comunicacionais particulares;

b) predominância de viabilidades relacionadas à estrutura empírica tátil-auditiva interdependente;

c) predominância de viabilidades relacionadas aos significados vinculados às representações não visuais;

d) o emprego de linguagem de estrutura empírica tátil-auditiva interdependente deu-se quase que totalmente em episódios particulares;

e) ocorrência de viabilidades relacionadas à estrutura empírica tátil-auditiva interdependente em episódio interativo/dialógico;

f) ocorrência de viabilidades relacionadas aos significados ópticos indissociáveis de representações não visuais;

g) maior número de viabilidades em contextos comunicacionais interativos e/ou dialógicos;

h) não ocorrência da relação: viabilidade/estrutura empírica audiovisual interdependente.

Concluo aqui a apresentação e discussão das dificuldades e viabilidades de comunicação. Na sequência, discuto aquelas relacionadas aos experimentos de óptica.

Dificuldade de experimento

Identifiquei esse tipo de dificuldade em quatro ocasiões. Essas dificuldades estiveram ligadas à realização de experimento demonstrativo, em episódios não interativos e com o emprego de linguagem de estrutura empírica audiovisual interdependente.

Os experimentos realizados foram os seguintes: (1) incidência de luzes de diferentes frequências sobre camisas de diferentes cores para a observação da cor refletida; (2) decomposição da luz branca ao atravessar um prisma de água; (3) propagação retilínea da luz (observação visual da chama da vela através de três furos em três cartolinas); (4) refração total de um feixe de luz dentro de uma lâmina de água.

Viabilidades de experimento

Foram identificadas em três ocasiões. Estiveram relacionadas à realização de experimento participativo, em episódios interativos e com o emprego de linguagens de estruturas empíricas tátil-auditiva interdependente e fundamental auditiva.

Os experimentos realizados foram os seguintes: (5) formação de imagem em espelho plano (é colocado um lápis em frente ao espelho plano, alunos videntes executam medidas das distâncias: lápis/espelho e imagem do lápis/espelho; alunos com e sem deficiência discutem os resultados); (6) múltiplas reflexões em espelhos planos (alunos videntes e aluno com deficiência visual discutem observações realizadas pelos alunos videntes em um caleidoscópio); (7) ângulos de incidência e reflexão em espelho plano (participação efetiva do aluno cego na coleta de dados e durante a discussão dos dados e resultados).

86 EDER PIRES DE CAMARGO

Sobre o experimento 7, gostaria de detalhar suas etapas de coleta e discussão de dados. (a) Objetivo: obter os ângulos de incidência e reflexão no espelho plano e comparar esses valores; (b) metodologia: posicionar um aluno à frente do espelho plano e outros dois, respectivamente, à direita e à esquerda do primeiro. Essa distância é definida pela visualização da imagem do colega de grupo no espelho (princípio da reversibilidade); (c) determinação dos ângulos: de posse das medidas, o grupo deveria representar em papel os participantes do experimento, bem como as distâncias obtidas. A partir do esquema mencionado, é possível, com o auxílio de uma régua, obter-se as tangentes dos ângulos de incidência e reflexão.

Sobre a supervisão de um dos licenciandos, o aluno cego foi colocado à frente do centro do espelho plano (2m x 1m), dois colegas videntes posicionaram-se, respectivamente, à direita e à esquerda do aluno com deficiência visual, e um terceiro colega vidente realizou medidas e anotações de distâncias. Assim que as medidas foram obtidas, o grupo realizou os cálculos mencionados, bem como discussões acerca dos resultados.

Concluindo, como boa parte das atividades experimentais de óptica aborda fenômenos observáveis pela visão, torna-se imprescindível, para alunos com deficiência visual, a descrição oral detalhada daquilo que o experimento explicita. Por isso, a participação de alunos com deficiência visual em experimentos ópticos deve se dar em contextos que favoreçam o surgimento de relações interativas entre discentes com e sem deficiência visual e entre discentes e docentes. Também, quando possível, é viável a utilização de maquetes que apresentem registros táteis dos fenômenos abordados. Por sua vez, é preciso reconhecer que existem significados ópticos tratados nos experimentos que são indissociáveis de representações visuais e, portanto, não podem ser comunicados aos alunos cegos de nascimento. Uma possível alternativa parcial a essa dificuldade está fundamentada na abordagem de múltiplos significados ligados ao fenômeno experimental (significados vinculados e indissociáveis de representações não visuais, significados históricos, relacionados à elementos CTS, etc.).

Dificuldade de operação matemática

Foi identificada em duas ocasiões. Refere-se à não participação efetiva de B em atividades que envolveram a efetuação de cálculos. Essas atividades foram realizadas em episódios particulares não interativos e com o emprego de linguagem de estrutura empírica fundamental auditiva. Fundamenta-se na relação triádica caracterizadora das operações matemáticas, ou seja, simultaneidade entre raciocínio, registro do cálculo e sua observação.

Os cálculos não realizados pelo aluno B foram os seguintes: (a) utilização da Lei de Gaus para o cálculo da distância imagem/espelho esférico; e (b) utilização da lei de Snell-Descartes para o cálculo do desvio sofrido pela luz no fenômeno da refração.

Um aluno vidente, quando equaciona e resolve matematicamente um problema físico, pensa sobre o que vai calcular, escreve o cálculo ao longo de uma folha de papel, observa as equações e suas anotações; se preciso, volta a observar, raciocina enquanto escreve, e esse processo repete-se ao longo de todo cálculo. O aluno cego, por não conseguir registrar e observar simultaneamente, não executa a relação triádica raciocínio/registro/observação, o que o deixa com enormes dificuldades nas atividades de cálculos. É importante observar que o Braille, código de escrita e leitura tátil, não proporciona ao aluno com deficiência visual as condições de simultaneidade, já que a escrita Braille tradicional é realizada na parte oposta do papel. Explicando melhor: quando um aluno cego escreve em Braille, ele, com um objeto chamado "punsão", fere o papel para representar as letras/números etc. Quando ele fere o papel, os pontos Braille aparecem na parte oposta da folha em relação à parte onde ela foi ferida. É por isso que a escrita tradicional em Braille ocorre da direita para a esquerda, e a leitura, da esquerda para a direita. Enfatizei a característica "tradicional", pois existem outras possibilidades de escrita, como por meio da máquina Braille ou da linha Braille, ou mesmo por reglete e punsão atuais desenvolvidos para a realização da escrita a partir do lado esquerdo. Entretanto, essas estratégias não favorecem a ocorrência de simultaneidade anteriormente mencionada.

Viabilidade de operação matemática

Foi identificada em duas ocasiões. As atividades que favoreceram a realização de cálculos por parte de B foram realizadas em episódios interativos e com o emprego de linguagem de estrutura empírica fundamental auditiva.

Os cálculos realizados com sucesso pelo aluno cego foram os seguintes: (a) distâncias: espelho/objeto e espelho/imagem; e (b) distância: objeto/espelho e objeto/imagem. Esses cálculos foram realizados mentalmente pelo aluno com deficiência visual. Tratava-se, por não envolverem muitas variáveis, de cálculos simples, por isso o discente com deficiência visual não teve dificuldade de efetuá-los mentalmente. Provavelmente, cálculos mais complexos implicariam dificuldades como as discutidas anteriormente.

Finalizando, para o caso das operações matemáticas, vale destacar que o pequeno número de ocorrências deve-se a uma característica do planejamento do grupo de óptica que buscou enfocar suas atividades na esfera conceitual. Em outras palavras, durante o processo de planejamento das atividades, os licenciandos enfatizaram os conceitos ópticos deixando em segundo plano a aplicação de linguagem matemática.

Classes que representam dificuldade ou viabilidade à inclusão do aluno com deficiência visual

Dificuldade segregativa

Chamo especial atenção do leitor para esse perfil de dificuldade. Identifiquei-o em 13 ocasiões. Diz respeito à criação, no interior da sala de aula, de ambientes segregativos de ensino. Esses ambientes contaram com a participação do aluno cego e de um dos licenciandos colaboradores. Ocorreu durante episódios de ensino que não favoreceram a interação docente/discente, o que representa, para efeitos de participação efetiva, uma diferenciação excludente em relação ao tratamento educacional dos alunos videntes.

SABERES DOCENTES PARA A INCLUSÃO DO ALUNO... 89

Nos ambientes segregativos, temas discutidos durante a "aula principal" eram suprimidos ou simplificados, ou seja, diferenciaram-se daqueles trabalhados por todos os alunos. Em tais ambientes, os diálogos ocorriam em voz baixa, fato que explicita sua característica de incomodo à "aula principal". Venho utilizando uma metáfora para a explicação da formação desse tipo de ambiente em sala de aula. Denominei a metáfora de modelo educacional 40 + 1, ou seja, um tipo de aula para os alunos sem deficiência e outro para o aluno cego. Esses números surgiram pelo fato de que infelizmente as classes no Brasil, e especialmente no Estado de São Paulo, são formadas por aproximadamente 40 alunos.

Atendimentos particularizados observados em episódios que previam tal prática junto a todos os alunos não foram considerados ambientes segregativos de ensino. Isso implica dizer que a posição adotada não é contrária à realização de atendimentos particularizados para quaisquer alunos, e sim aos que representaram exclusão em relação ao tratamento educacional da aula ministrada.

Viabilidade de apresentação de modelos

Foi identificada em oito ocasiões. Refere-se à apresentação, por parte do aluno cego, de modelos explicativos de fenômenos ópticos. Ocorreu em episódios interativos e com o emprego de linguagens de estruturas empíricas tátil-auditiva interdependente e fundamental auditiva. Nesses ambientes, os alunos com e sem deficiência visual alternaram-se como interlocutores. Assim, o discente cego teve a oportunidade de expressar-se.

Os modelos por ele apresentados foram os seguintes: (a) formação de imagem em espelho plano; (b) natureza das imagens; (c) direção de propagação de raios incidentes e refletidos em espelho plano; (d) simetria invertida entre objeto e imagem; (e) natureza dos raios de luz. Maiores detalhes sobre esse tema podem ser obtidos em Camargo (2011).

Os modelos apresentados evidenciam que o discente com deficiência visual possui representações mentais acerca dos fenômenos "formação de imagem" e "natureza das imagens", e que tais representações são por ele construídas em razão da influência social. É, portanto, por meio das relações sociais que o discente cego de nascimento entra em contato com informações sobre fenômenos por ele não observados. Nessas relações, o discente estabelece diálogos com pessoas videntes. Provavelmente, desses diálogos surgem dúvidas que o discente externaliza com pessoas de sua intimidade, pessoas essas que, na medida do possível, lhe apresentam explicações.

Viabilidade de utilização de materiais

Verificada em três ocasiões, refere-se à utilização, junto aos alunos videntes, das maquetes desenvolvidas para o ensino do aluno com deficiência visual. Tal utilização ocorreu com o emprego de linguagem de estrutura empírica audiovisual interdependente e em episódios não interativos. A viabilidade de utilização, portanto, não é aplicada diretamente à participação efetiva do aluno com deficiência visual, e sim, à possibilidade de materiais desenvolvidos para alunos com a mencionada deficiência serem empregados junto aos alunos videntes.

Três foram as maquetes utilizadas: (a) maquete das reflexões regular e difusa (Figura 5); (b) maquete do fenômeno da dispersão da luz (Figura 3); e (c) maquete da câmara escura de orifício (Figura 6). Essas maquetes continham registros táteis e visuais sobrepostos dos fenômenos mencionados, e a maquete da dispersão da luz possuía estrutura tridimensional.

Figura 5 – Representação tátil-visual da reflexão regular e difusa

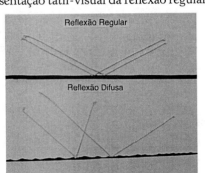

Figura 6 – Maquete tátil-visual de câmara escura de orifício.

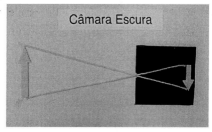

É importante que o leitor saiba que as maquetes táteis-visuais exibem um grande potencial inclusivo, na medida em que atendem necessidades educacionais de todos os alunos. Para o caso dos alunos videntes, os materiais em questão apresentam duas possibilidades de interação com o registro do fenômeno, a visual e a tátil. Quanto à interação visual, entendo que maquetes como a da dispersão da luz representem uma vantagem no aspecto tridimensional em relação aos registros bidimensionais realizados na lousa ou em livros. Em relação à representação tátil, entendo que tais materiais dispõem aos alunos videntes a possibilidade de uma interação muito mais analítica do fenômeno da dispersão em comparação com a interação visual (Soler, 1999). Por esses motivos, considerei os materiais mencionados como potencialmente inclusivos. Entretanto, a situação ideal, seria aquela em que as maquetes fossem utilizadas em contextos interativos e comuns a todos os discentes.

Viabilidade de apresentação de hipótese

Foi verificada em duas ocasiões. Sua ocorrência esteve relacionada a episódios interativos e ao emprego de linguagens de estruturas empíricas tátil-auditiva interdependente e fundamental auditiva. Como nesses ambientes os alunos com e sem deficiência visual alternaram a função de interlocutor, o discente cego teve condições de expressar-se.

Essa viabilidade refere-se a situações em que o discente apresentou relações de causa e efeito para um determinado fenômeno óptico. Essas hipóteses foram as seguintes: (a) explicação para a inversão dos lados das imagens no espelho plano (simetria invertida); (b) explicação para a formação de imagem e para a direção dos raios incidentes e refletidos nos espelhos planos. Maiores detalhes sobre essas hipóteses podem ser verificados em Camargo (2011).

Buscando uma síntese, apresento os Quadros 8 e 9. Esses quadros explicitam, respectivamente, as classes das dificuldades e viabilidades, bem como suas características intrínsecas marcantes. Defini por "característica marcante" os elementos majoritários identificados junto a uma determinada classe de dificuldade ou viabilidade. Tais elementos referem-se ao perfil da linguagem empregada e ao contexto comunicacional de determinada classe de dificuldade ou viabilidade.

Quadro 8 – Classes e características intrínsecas das dificuldades de inclusão em aulas de óptica

Classe/ dificuldade/ inclusão	Estrutura empírica predominante	Estrutura semântico-sensorial predominante	Contexto predominante
Comunicação	Audiovisual interdependente Fundamental auditiva	Significados vinculados/ indissociáveis de representações visuais	Episódios não interativos
Segregativa	Audiovisual interdependente	Significados vinculados/ indissociáveis de representações visuais	Episódios não interativos
Experimento	Audiovisual interdependente	Significados indissociáveis de representações visuais	Episódios não interativos
Operação matemática	Fundamental auditiva	Significados vinculados às representações visuais	Episódios particulares não interativos

SABERES DOCENTES PARA A INCLUSÃO DO ALUNO... **93**

Quadro 9 – Classes e características intrínsecas das viabilidades de inclusão em aulas de óptica

Natureza/ viabilidade/ inclusão	Estrutura empírica predominante	Estrutura semântico-sensorial predominante	Contexto metodológico predominante
Comunicação	Tátil-auditiva interdependente	Significado vinculado às representações não visuais	Episódios particulares interativos
Apresentação de modelos	Tátil-auditiva interdependente e Fundamental auditiva	Significado vinculado às representações não visuais	Episódios interativos
Utilização de materiais	Audiovisual interdependente	Significado vinculado às representações visuais	Episódios não interativos
Experimento	Tátil-auditiva interdependente e Fundamental auditiva	Significados vinculados às representações não visuais	Episódios interativos
Operação matemática	Fundamental auditiva	Significados vinculados às representações não visuais	Episódios interativos
Apresentação de hipóteses	Tátil-auditiva interdependente e Fundamental auditiva	Significado vinculado às representações não visuais	Episódios interativos

5
PANORAMA DAS DIFICULDADES E VIABILIDADES PARA A INCLUSÃO DO ALUNO COM DEFICIÊNCIA VISUAL EM AULAS DE ELETROMAGNETISMO

Identifiquei para o grupo de eletromagnetismo quatro classes de dificuldades de inclusão e cinco de viabilidades. Essas classes são as seguintes: (a) dificuldades: comunicação, segregação, operação matemática e experimento. (b) Viabilidades: comunicação, experimento, utilização de materiais, apresentação de hipótese e apresentação de modelos. No Quadro 10 explicito essas classes.

Quadro 10 – Panorama de dificuldades e viabilidades de inclusão para o aluno cego de nascimento em aulas de eletromagnetismo

Classe/dificuldade/inclusão	Ocorrência	Classe/viabilidade/inclusão	Ocorrência
Comunicação	Sim	Comunicação	Sim
Segregação	Sim	Segregação	Não
Operação matemática	Sim	Operação matemática	Não
Experimento	Sim	Experimento	Sim
Utilização de materiais	Não	Utilização de materiais	Sim
Apresentação de hipótese	Não	Apresentação de hipótese	Sim
Apresentação de modelos	Não	Apresentação de modelos	Sim

Observe-se no Quadro 10 que existem classes comuns às dificuldades e viabilidades e outras que representaram dificuldade ou viabilidade de inclusão. Analisarei essas classes utilizando as categorias anteriormente definidas.

Classes que representam dificuldade e viabilidade à inclusão do aluno com deficiência visual em aulas de eletromagnetismo

Dificuldade de comunicação

Identifiquei 92 momentos em que ocorreram dificuldades de comunicação. Agrupei essas dificuldades em quatro linguagens. Tais linguagens ficaram constituídas em razão das seguintes estruturas empíricas: (a) estrutura fundamental: auditiva e visual independentes; (b) estruturas mistas: audiovisual interdependente e tátil-auditiva interdependente.

Em relação ao aspecto semântico-sensorial, os significados abordados estiveram relacionados a duas estruturas:

a) significado vinculado às representações visuais. Exemplos: registro de carga elétrica e de seus sinais, direção e sentido de força elétrica, expressão matemática para a lei de Coulomb, processo de eletrização (contato e indução), atração e repulsão elétricas, linhas de força do campo elétrico, corrente elétrica, resistência elétrica, resistores elétricos, relação matemática da segunda lei de Ohm, diferença de potencial elétrico, registro de gerador e receptor elétricos e de medidores elétricos, princípios gerais do magnetismo, representação de dipolo magnético, configuração geométrica das auroras boreal e austral, linha de campo magnético, funcionamento e armazenamento de informações em fita cassete, unidades, valores e significados das constantes do eletromagnetismo (permissividade elétrica e permeabilidade magnética), relação entre direção e sentido do campo magnético e da corrente elétrica etc.;

b) significado indissociável de representações visuais. Exemplos: característica visual das cores associadas ao fenômeno das auroras boreal e austral e ideia visual de energia luminosa.

No Quadro 11 explicito as estruturas empíricas e semântico-sensoriais das linguagens geradoras de dificuldades comunicacionais, suas relações e respectivas quantidades.

SABERES DOCENTES PARA A INCLUSÃO DO ALUNO... 97

Quadro 11 – Dificuldade de comunicação das atividades de eletromagnetismo: estruturas empírica e semântico-sensorial das linguagens

Empírica (direita) Semântico-sensorial (abaixo)	Audiovisual interdependente	Auditiva e visual independentes	Tátil-auditiva interdependente	Total horizontal
Significado vinculado às representações visuais	89	1	0	90
Significado indissociável de representações visuais	1	0	1	2
Total vertical	90	1	1	92

A abordagem dos significados vinculados às representações visuais constituiu-se como a base fundamentadora das dificuldades de comunicação entre os licenciandos e o aluno B. De forma discreta, verifiquei dificuldades relacionadas à abordagem dos significados indissociáveis de representações visuais. A veiculação de informações objetivou-se por meio de linguagens constituídas de estruturas empíricas de acesso visualmente dependente e de acesso visualmente independente. Destaco na sequência as quatro linguagens geradoras de dificuldade comunicacional. Antes, entretanto, gostaria de fazer uma observação válida para este e os próximos capítulos. Algumas linguagens foram identificadas nas atividades de todos os grupos. Características dessas linguagens foram apresentadas no Capítulo 4. Por isso, não as repetirei. Convido o leitor a revê-las, se preciso for.

Linguagem 1: audiovisual interdependente/significado vinculado às representações visuais

A presente linguagem mostrou-se majoritária. São exemplos dessa linguagem os trechos apresentados na sequência.

Trecho 1

E-1: Se eu tenho aqui q_1 e q_2 eu tenho uma distância, se eu aumento aqui...

A-v: Tem que aumentar o de cima.

E-1: Tem que diminuir aqui esse número aqui é muito maior, então essa divisão aqui vai ser muito menor.

98 EDER PIRES DE CAMARGO

O Trecho 1 descreve um dos licenciandos apresentando explicações acerca das relações matemáticas contidas na lei de Coulomb (cargas elétricas, distância entre elas e força elétrica). Enquanto explicava, um aluno vidente interagia com ele. Tal trecho exemplifica a relação entre os códigos auditivo e visual presentes na estrutura empírica audiovisual interdependente. Notem-se as expressões: E-1: "se eu tenho aqui q_1 e q_2", E-1: "se eu aumento aqui [...] A-v: "tem que aumentar o de cima", E-1: "tem que diminuir aqui" [...]"essa divisão aqui vai ser muito menor". Mas aqui, onde? Aumenta o que e onde? Que divisão? Evidentemente as questões colocadas encontram-se respondidas na parte visual da linguagem, registrada na lousa e indicada de forma oralmente incompleta pelo licenciando e um dos alunos videntes que observava visualmente os registros. Dessa forma, B, por não ter acesso à parte visual da linguagem, não recebia a informação por meio dela veiculada e ficou sem saber o tema discutido em sala de aula.

Trecho 2

E-4: A equação característica do receptor é essa que eu vou escrever na lousa.

Escreve a equação e desenha o circuito.

E-4: Então a gente tem aqui, na formação desse circuito aí, considerando a letra u a tensão total entre os pontos a e b vai ser a tensão que está em cima da resistência, que é i vezes r mais a diferença de potencial que foi bem utilizada pelo receptor.

E-4: Essa equação gera um gráfico que a curva é a curva característica do receptor.

Desenha o gráfico na lousa.

E-4: Esse é um gráfico da tensão pela corrente, o que da para tirar desse gráfico?

E-4: Que se o U estivesse tudo aqui o ideal para não desperdiçar nada em calor que curva deveria ser?

E-4: Uma reta não é?

E-4: Essa inclinação aí o que ela representa? A tangente desse ângulo aí vai ser o que?

E-4: Vai ser a tensão u menos o e, mas daí pela lei de Hon. também tensão por corrente é resistência, e a tensão total menos a tensão que está em cima do receptor vai ser a tensão que está encima da resistência, então vai ser a tensão pela corrente, a tangente de alfa aí é a resistência.

E-4: O ideal é que fosse uma reta, então quanto menos inclinada a reta melhor o receptor.

O Trecho 2 descreve um dos licenciandos abordando três aspectos acerca dos receptores: (a) equação característica; (b) circuito elétrico com variáveis registradas sobre os símbolos elétricos; e (c) gráfico e suas interpretações. Aqui, convido o leitor a colocar-se no lugar do aluno cego. Para isso, observe a estrutura empírica da linguagem: "a equação característica do receptor é esta que eu vou escrever na lousa", "na formação desse circuito aí", "esse é um gráfico da tensão pela corrente", "que se o U estivesse tudo aqui", "essa inclinação aí o que ela representa", "a tensão total menos a tensão que está em cima do receptor vai ser a tensão que está encima da resistência". O acesso às informações apresentadas somente pode se dar quando o receptor percebe simultaneamente os códigos auditivo e visual. Para B, as seguintes questões são pertinentes: que equação? Que circuito? Quais são as características do gráfico? Onde se encontra o U? Que inclinação? Quais são os valores das tensões? Perceba que o discente está privado de um dos componentes da estrutura empírica (visual). Por isso, encontra-se numa posição anterior àquela de um aluno que manifesta dúvidas ou incompreensões acerca da informação veiculada. Tal discente não chega a construir essas dúvidas ou mesmo ter as incompreensões de seu colega vidente. Sua posição é de inacessibilidade, posição anterior à das dúvidas.

Trecho 3

E-2: Aqui na lousa desenhei uma carga positiva, o campo elétrico gerado por essa carga ele é neste sentido, afastando, o campo elétrico formado pela carga negativa é sempre aproximando.

E-2: O campo elétrico a gente não vê, você não vê o campo elétrico gerado aqui, o que eles fizeram para a gente poder entender isso que acontece com as cargas?

E-2: Eles fizeram justamente essas setas aqui esses desenhos, isso é uma mera geometria para a gente poder entender o que acontece com o campo elétrico.

Note-se no Trecho 3 que o que o licenciando buscou comunicar foram as características das linhas de força do campo elétrico inerentes às cargas positivas e negativas. O discente B não teve acesso a essa informação por não observar a componente visual da linguagem. O licenciando ainda reconheceu que o campo elétrico não pode ser visto. Tal ideia, por sinal, mostra-se fundamental para a compreensão de campo, já que esse é um construto hipotético e, por isso, não pode ser observado empiricamente. O que se observam são os "efeitos do campo elétrico" sobre a matéria. Nessa perspectiva, o significado de campo elétrico não possui relações sensoriais, ou seja, não pode ser visto, tocado, ouvido etc. Dessa forma, a ideia de linha de força foi elaborada para criar condições para que representações acerca da propriedade mencionada pudessem ser feitas. A dificuldade comunicacional com o aluno B reside, portanto, na vinculação das representações das linhas de campo aos significados visuais.

Trecho 4

E-3: Eu quero ver se a minha transparência está visível suficientemente para mostrar o ímã de geladeira.

Coloca a transparência.

E-3: Os formatos que esta transparência está mostrando, ímã de alto falante tem essa configuração, esta é a configuração do ímã em forma de ferradura e aqui a configuração do ímã de geladeira.

O Trecho 4 mostra o momento em que um dos licenciandos buscava apresentar a forma geométrica das linhas de campo magnético de diferentes ímãs (significados vinculados às representações visuais). Observe a característica interdependente da estrutura empírica da linguagem: "ímã de alto falante tem essa configuração, esta é a configuração do ímã em forma de ferradura e aqui a configuração do ímã de geladeira". Novamente, para o aluno B, a informação mostrou-se inacessível pelo fato de ele não observar a componente visual da linguagem. O trecho mostra claramente as funções dos códigos auditivo e visual no processo de veiculação de informações por meio de linguagem de estrutura empírica audiovisual interdependente. Em tal processo,

SABERES DOCENTES PARA A INCLUSÃO DO ALUNO... 101

o código auditivo tem a função indicativa (este, aqui, aquele etc.), ao passo que o código visual possui a função demonstrativa, ou seja, contém as características principais do significado veiculado.

Trecho 5

E-4: A representação do receptor elétrico é esta daqui.

E-4: Aqui só tem o gerador, a gente vê onde é o sentido convencional da corrente do gerador, vai sempre daqui para cá.

E-4: O símbolo de receptor elétrico ele é igual ao do gerador só que ele é ao contrário porque a corrente vai estar chegando nele e vai ser consumida.

E-4: Aqui está representando também a resistência interna que é onde eu botei a minha diferença de potencial

B: eu não entendi nada do que ele falou agora.

Novamente as funções indicativa e demonstrativa, respectivamente, dos códigos auditivo e visual podem ser observadas no Trecho 5. Exemplo: "a representação do receptor elétrico é esta daqui", "a gente vê onde é o sentido convencional da corrente do gerador, vai sempre daqui para cá". É importante que o leitor observe que os significados: (a) representação do receptor e (b) sentido da corrente estão contidos na parte visual projetada da informação (função demonstrativa), ficando reservada à parte auditiva a função indicativa: "é esta daqui" (referindo-se à representação do receptor) e "vai sempre daqui para cá" (referindo-se ao sentido da corrente elétrica). Ao final do trecho, encontra-se explicitada a seguinte declaração do aluno B: "eu não entendi nada do que ele falou agora". B apresentou tal declaração para o aluno A. Como não poderia ser diferente, ela relata a inacessibilidade do aluno às informações veiculadas.

Sintetizando, como característica peculiar, a presente linguagem exibe as seguintes ações simultâneas: indicação auditiva parcial e demonstração visual exclusiva de significados eletromagnéticos vinculados às representações visuais. Dito de outro modo, os códigos auditivo e visual assumem funções complementares no processo de veiculação de informações. O emprego dessa linguagem nas atividades do grupo de eletromagnetismo foi apoiado pelos recursos instrucionais visuais: lousa, data show e retroprojetor.

Linguagem 2: audiovisual interdependente/significado indissociável de representações visuais

Essa linguagem caracteriza-se por veicular, por meio de códigos auditivos e visuais interdependentes, significados indissociáveis de representações visuais abordados no contexto do eletromagnetismo. Exemplifico esse perfil linguístico no trecho que segue:

Trecho 6

E-3: Tem um fenômeno visualmente muito interessante, que ocorre próximos das regiões polares do planeta que são conhecidos como as auroras, aurora austral e aurora boreal.

E-3: O vento solar atinge as nossas linhas de campo magnético aqui da terra, e essa interação provoca a ocorrência das auroras, e o que acontece?

E-3: A partícula que vem em alta velocidade, com grande energia, ela vai se chocar com os átomos de oxigênio da atmosfera superior, e vão conseguir tirar elétrons desses átomos.

E-3: Quando eles conseguem fazer isto libera energia, essa energia é liberada em forma de luz na cor esverdeada ou rosada, esverdeada para o oxigênio e rosada para o nitrogênio.

Projeta esquema visual.

Assim como na Linguagem 1, a presente possui a característica de indicar-se oralmente determinado aspecto visual registrado/projetado. A diferença, entretanto, reside no fato de que o objeto registrado ou projetado possui significado indissociável de representações visuais (significado visual da cor das auroras).

Em relação ao Trecho 6, é importante que o leitor note que os significados referidos na linguagem encontram-se contidos na declaração: "quando eles conseguem fazer isto libera energia, essa energia é liberada em forma de luz na cor esverdeada ou rosada, esverdeada para o oxigênio e rosada para o nitrogênio". Coloquei a parte anterior do trecho para contextualizar o tema abordado. Como indica a declaração, o licenciando tinha por objetivo veicular o significado de que durante a ocorrência dos fenômenos das auroras boreal e austral há liberação de energia luminosa. Essa liberação energética produz um efeito visual

SABERES DOCENTES PARA A INCLUSÃO DO ALUNO... 103

característico. Esse\efeito possui significado indissociável de representações visuais inerentes às cores, significado esse que não pode ser comunicado ao aluno B, que nasceu cego. Além disso, a estrutura empírica da linguagem também impede o acesso do aluno com deficiência visual a outros significados constituintes do fenômeno das auroras (exemplo: comportamento geometricamente dinâmico das cores).

Linguagem 3: auditiva e visual independentes/significado vinculado às representações visuais

Na sequência, apresento exemplo desse perfil linguístico.

Trecho 7

E-1: Aqui tem uma tabela de resistividade.

E-1: Nos metais varia de 1,72 vezes dez a menos oito Hom. vezes metros até 5,51 vezes dez a menos oito

E-1: Nos semicondutores 3,5 vezes dez a menos cinco, 2,3 vezes dez a menos seis.

E-1: Nos isolantes aproximadamente dez elevado a doze, então a diferença é muito grande.

O Trecho 7 refere-se à apresentação de valores de resistividade elétrica por meio de notação científica. Ao projetar os referidos valores (linguagem visual), o licenciando repetiu-os oralmente utilizando-se de uma expressão característica da mencionada notação, ou seja, "certo número vezes dez elevado a certa potência". Fiz a crítica das notações científicas no Capítulo 4 quando descrevi licenciandos do grupo de óptica apresentando valores de unidade astronômica. Volte-se ao capítulo para rever a crítica.

Com a crítica indicada, não estou afirmando que alunos com deficiência visual não podem aprender potenciação. O que argumento é que a estrutura de uma potência foi construída a partir de padrões adotados para os videntes, padrões esses inadequados aos alunos com deficiência visual. Com a crítica apresentada, tenho o objetivo de fomentar discussão sobre a influência visual nos processos comunicacionais que ocorrem na sala de aula de física. No caso da potenciação, é preciso a elaboração de equipamento tátil que possibilite a observação

104 EDER PIRES DE CAMARGO

e compreensão da estrutura "algo elevado a algo". Outra opção seria a substituição da forma comunicativa "algo elevado a algo", por outra que não utilize o termo "elevado".

Linguagem 4: tátil-auditiva interdependente/significado indissociável de representações visuais

A presente linguagem vinculou-se à utilização de equipamento de interfaces visual, auditiva e tátil, ou seja, um circuito elétrico multissensorial constituído por uma fonte de tensão alternada, uma buzina, um ventilador e uma lâmpada (ver Figura 8). No Trecho 8 exemplifico o emprego da presente linguagem.

Trecho 8

E-3: Essa lâmpada quanto essa buzina e esse ventilador estão submetidos a uma diferença de potencial de 110 volts.

Alunos com deficiência visual observam circuito real.

E-3: Essa buzina faz o barulho que a gente está escutando, então vai estar convertendo energia elétrica em outra forma de energia.

E-3: Essa lâmpada submetida a uma tensão de 110 volts vai ter passagem de corrente elétrica, vai estar convertendo também energia elétrica em energia luminosa.

Aproxima, sem tocar, as mãos dos alunos A e B da lâmpada acesa.

E-3: A lâmpada tem um caso interessante que ela é para converter energia elétrica em luminosa, só que para ela oferecer iluminação o filamento dela é aquecido até o ponto que emite luz.

E-3: Um dado interessante da lâmpada é que 90% da energia da lâmpada na verdade é convertida em calor e 10% só é iluminação, sintam que ela está quente.

Alunos com deficiência visual tocam levemente a lâmpada recém-apagada

E-3: O outro resistor é esse ventiladorzinho, que aí já é um processo mecânico, que a energia elétrica vai estar sendo convertida em energia mecânica.

Alunos A e B observam auditivamente o som do ventilador e sentem o vento por ele produzido.

Utilizando um circuito elétrico que apresentava transformações de energia elétrica em energia luminosa, térmica, sonora e mecânica, um dos licenciandos buscou comunicar ao discente cego o significado de tais transformações. Em relação aos significados de transformação de energia elétrica em sonora, térmica e mecânica, o equipamento mostrou-se eficaz. Contudo, o significado de energia luminosa não pôde ser comunicado ao aluno B, pois esse significado é indissociável de representações visuais.

Destaco a importância do equipamento construído pelos licenciandos. Tal equipamento, por ser multissensorial, mostrou-se parcialmente adequado ao ensino dos alunos com e sem deficiência visual. A condição "parcialmente adequada" foi imposta em razão da característica da deficiência visual do aluno B que o impossibilita de ter acesso aos significados indissociáveis de representações visuais. Entendo que equipamentos estruturados sobre a ideia do multissensorialismo (Soler, 1999) são potencialmente inclusivos, já que se baseiam no oferecimento de condições observacionais não centralizadas unicamente na visão. Dessa forma, todos podiam ouvir a buzina e o movimento do ventilador, observar tatilmente a energia térmica proveniente da lâmpada e o vento oriundo do ventilador, e os alunos videntes, além de todas as observações mencionadas, podiam ainda observar visualmente o brilho da lâmpada e o movimento do ventilador.

No Quadro 12, explicito sinteticamente as linguagens geradoras de dificuldades comunicacionais, a característica peculiar da linguagem (se houver), suas porcentagens, bem como o recurso instrucional mais frequente em cada uma delas.

106 EDER PIRES DE CAMARGO

Quadro 12 – Linguagens geradoras de dificuldades de comunicação (grupo de eletromagnetismo)

Linguagem	Porcentagem aproximada	Característica peculiar	Recurso instrucional mais empregado
Linguagem 1	97%	Indicar oralmente registros visuais	Lousa, data show, retroprojetor
Linguagem 2	1%	Indicar oralmente fenômenos visuais	Retroprojetor
Linguagem 3	1%	Detalhamento oral insuficiente	Lousa
Linguagem 4	1%	Tato/som não veiculam significados visualmente indissociáveis	Equipamento tátil-visual-auditivo

Na sequência, abordo as viabilidades de comunicação do grupo de eletromagnetismo.

Viabilidade de comunicação

Identifiquei 122 momentos em que ocorreram viabilidades de comunicação entre os licenciandos e B. Agrupei essas viabilidades em dez linguagens. Essas linguagens ficaram constituídas em razão das seguintes estruturas empíricas: (a) estruturas fundamentais: fundamental auditiva e auditiva e visual independentes; e (b) estrutura mista tátil-auditiva interdependente.

Em relação ao aspecto semântico-sensorial, os significados veiculados estiveram relacionados a quatro estruturas:

a) significado vinculado às representações não visuais. Exemplos: linhas de força do campo elétrico, simbologia dos elementos constituintes de um determinado circuito elétrico, estrutura cristalina de um condutor, linhas de campo magnético, etc. A veiculação de significados como os mencionados apoiou-se em maquetes ou equipamentos possíveis de ser tocados, manipulados e observados auditivamente.

b) significados de relacionabilidade sensorial secundária. Exemplos: perigo dos relâmpagos, objetivo e funcionamento do para-raio, efeitos dos raios nos eletrodomésticos, datas, fatos e nomes de personagens histórico etc.

SABERES DOCENTES PARA A INCLUSÃO DO ALUNO... 107

c) significado indissociável de representações não visuais. Exemplos: relação entre corrente elétrica e aquecimento, sensação tátil de choque elétrico, ideia tátil de energia térmica etc.

d) significados sem relação sensorial. Exemplos: carga elétrica, campo (elétrico e magnético) etc.

No Quadro 13, apresento as estruturas empíricas e semântico-sensoriais das linguagens geradoras de viabilidades comunicacionais ao aluno B.

Quadro 13 – Linguagens geradoras de viabilidade de comunicação (grupo de eletromagnetismo)

Empírica (direita) Semântico-sensorial (abaixo)	Fundamental auditiva	Auditiva e visual independentes	Tátil-auditiva interdependente	Total horizontal
Significado vinculado às representações não visuais	17	10	26	53
Significado de relação sensorial secundária	27	24	1	52
Significado indissociável de representações não visuais	4	0	5	9
Significado sem relação sensorial	3	5	0	8
Total vertical	51	39	32	122

Na sequência, explicito as dez linguagens geradoras de viabilidade comunicacional.

Linguagem 5: fundamental auditiva/significado de relação sensorial secundária

Essa linguagem caracteriza-se por veicular, por meio de códigos auditivos, significados de relacionabilidade sensorial secundária, ou seja, aqueles que podem ser compreendidos por diferentes representações sensoriais mentais sem que o entendimento deles fique comprometido. Os exemplos apresentados na sequência indicam essa característica.

108 EDER PIRES DE CAMARGO

Trecho 9

E-1: A ciência não está completa, nem a teoria de Einstein é uma verdade, como diriam os cientistas não existe uma verdade e sim verdades, uma teoria é complementar a outra.

E-1: Hoje a gente vai tentar seguir uma teoria aqui para tentar explicar alguns fenômenos da eletrodinâmica.

No Trecho 9 o licenciando aborda temática sobre filosofia da ciência, argumentando que essa não é verdade absoluta, não está completa e teorias científicas são complementares. Esses significados não dependem de representação sensorial específica para serem compreendidos.

Trecho 10

B: Uma vez caiu um raio num para raio perto de minha casa e eu tenho um despertador que fala as horas

B: Quando caiu o raio ali, acredito eu, deu um estrondo e o relógio começou: so lãs, so lãs, so lãs, não para mais!

B: Aí a hora que parou ele não funcionava mais.

E-3: É isso que o aluno B falou que o relógio dele queimou com o raio, pode ser que este raio tenha sido assim violento, e o próprio para raio não conseguiu escoar ele todo para a terra, aí não há aparelho próximo que aguente.

No Trecho 10 o aluno B relata uma experiência pessoal com raios, ou seja, a queima de um relógio falante. Reconheço que a ideia de tempestade possui uma multiplicidade de significados, nos quais se enquadram os sensoriais. Entretanto, no Trecho 10, o significado interpretado como de relacionabilidade sensorial secundária é aquele inerente aos efeitos de descargas elétricas em equipamentos eletrônicos. Esses significados podem ser internamente representados por diferentes representações sensoriais sem o comprometimento do entendimento do evento (queima dos aparelhos).

Finalmente, a Linguagem 5 tem por característica peculiar o fato de abordar de forma oral significados de relacionabilidade sensorial secundária. Nesse sentido, veiculam significados de eventos de natureza filosófica, datas, nomes etc. que podem ser compreendidos por uma variedade de representações mentais.

Linguagem 6: tátil-auditiva interdependente/significado vinculado às representações não visuais

Um exemplo dessa linguagem é apresentado na sequência.

Trecho 11

E-4: Todo material tem uma resistência maior ou menor, ou ele segura mais a corrente ou ele libera mais a corrente.

E-4: Isso depende de três fatores importantes, que é o comprimento do fio, vamos imaginar assim, uma mangueira de água é mais fácil a água sair de um ponto e chegar ao outro quando ela é mais curta ou mais comprida?

B: Quando é mais curta.

E-3: Essa é uma comparação que acontece com a eletricidade, a corrente elétrica age da mesma forma, tenta passar a mão aqui para você ver, quanto mais comprida aqui em cima ó, bem aqui em cima, esse daqui é o menor, olha o comprimento dele, e olha esse daqui, ele demora para chegar, e aqui ele chega rapidinho.

Mostra maquete tátil-visual: (Figura 7).

E-3: Com relação ao comprimento a gente fala que é diretamente proporcional, aumenta o comprimento aumenta a resistência, diminui o comprimento diminui a resistência.

E-3: Agora com relação à área, é essa daqui de baixo, a área é nesse sentido ó, você acha que é mais fácil um cano grosso ou um cano fino para escoar mais fácil a água?

B: Cano grosso.

E-3: Aqui acontece a mesma coisa, ele é mais fino, então o mais fino é mais?

B: Difícil.

E-3: Quando aumenta o comprimento do fio, quanto mais comprido, mais longo mais difícil, maior resistência tem, quanto maior a área, quanto maior a grossura do fio é mais difícil ou mais fácil?

B: Mais fácil.

E-3: Isso, e ainda tem outro fator que está aqui em baixo, que diz respeito ao material, aqui é um material, aqui a gente chama de resistividade, quanto maior a resistividade, você está vendo que é mais difícil do elétron passar aqui dentro, ele bate mais, está vendo, do que aqui ó, passa a mão em um e no outro lado.

E-3: Então quanto à resistividade, ele é quanto mais resistividade quanto mais o material tiver este fator resistividade, mais difícil.
B: Tem mais resistência elétrica.
E-3: Exatamente, quanto menos, menor a resistência.
E-3: Aqui na maquete você tem seis quadrados, do seu lado esquerdo você tem resistência maior, do seu lado direito tem as resistências menores e as dependências.

Figura 7 – Maquete tátil-visual das representações analógicas das grandezas da segunda lei de ohm (comprimento do condutor, área do condutor e resistividade do condutor).

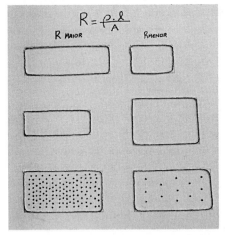

O Trecho 11 relata o esforço de um dos licenciandos para comunicar ao aluno B as ideias principais da segunda lei de Ohm (resistência elétrica diretamente proporcional ao comprimento do fio e à resistividade do material e inversamente proporcional à área da secção transversal do condutor). Para tal, o licenciando utilizou duas estratégias: (a) estabelecimento de analogia entre fio condutor e cano de água; (b) utilização de maquete tátil previamente elaborada (Figura 7). A linguagem aqui analisada restringe-se à estratégia (b).

A maquete tátil foi construída com os seguintes materiais: (1) uma placa de papelão com 50 cm de comprimento por 41 cm de largura; (2) barbante, cola, lápis e tesoura. Visou comunicar ao aluno com deficiência visual as ideias contidas na segunda lei de Ohm. Com esse

SABERES DOCENTES PARA A INCLUSÃO DO ALUNO... 111

objetivo, o licenciando construiu, aos pares, seis retângulos com dimensões distintas. Os retângulos posicionados à esquerda simbolizavam resistências elétricas maiores e os posicionados à direita, resistências menores. Os dois primeiros referiam-se à ideia: resistência elétrica diretamente proporcional ao comprimento do condutor; os intermediários continham a ideia: resistência elétrica inversamente proporcional à área do condutor; e os dois inferiores continham a ideia: resistência elétrica diretamente proporcional à resistividade do material. Para comunicar as ideias mencionadas, o licenciando variou as dimensões dos retângulos (comprimento e área) e inseriu, nos retângulos inferiores, maior ou menor quantidade de pontos de cola. Dessa forma, o retângulo que continha uma quantidade maior de pontos representava o condutor de maior resistividade e o outro, o de menor resistividade.

O que marca essa linguagem é a ação do licenciando de conduzir a mão do aluno com deficiência visual sobre os registros táteis contidos nas maquetes ou materiais. Enquanto conduz, descreve auditivamente aquilo que se encontra registrado tatilmente.

Linguagem 7: auditiva e visual independentes/significado de relação sensorial secundária

A presente linguagem caracteriza-se pela independência dos códigos auditivos e visuais que lhe servem como suporte material. Por meio desses códigos (estrutura empírica), são veiculados significados de relacionabilidade sensorial secundária, isto é, que podem ser compreendidos por distintas representações (estrutura semântico-sensorial). Apresento um exemplo na sequência.

Trecho 12

E-2: Em 1600 William Gilbert verificou que outras substâncias além do Âmbar quando atritadas adquiriam a propriedade de atrair objetos leves.

E-2: Daí o que Gilbert fez?

E-2: Através disso daí ele colocou nomes nisso de elétrons, o que é elétrons?

A-v: Elétron vem de electron que quer dizer âmbar.

E-2: Isso foi o que ela disse, elétron vem de electron que quer dizer âmbar.

O Trecho 12 descreve o momento em que um dos licenciandos apresentou informação histórica sobre o âmbar e sobre a nomenclatura "elétron". A informação mencionada possui relacionabilidade sensorial secundária, pois diferentes representações mentais sensoriais são adequadas para seu entendimento. Tal apresentação ocorreu por meio de linguagem auditiva e visual independentes, isto é, o licenciando projetou e falou as mesmas informações. Dessa forma, a descrição oral das frases projetadas por meio do data show mostrou-se acessível ao aluno com deficiência visual.

Linguagem 8: fundamental auditiva/significado vinculado às representações não visuais

Na sequência, é apresentada a transcrição de um trecho caracterizado por essa linguagem.

Trecho 13

E-1: Cargas elétricas de mesmo sinal se repelem, positivo com positivo ou negativo com negativo, elas se afastam, uma vai para um lado e outra para o outro.

E-1: Cargas com sinais contrários se atraem, positivo com negativo se aproximam uma da outra.

O que marca esse perfil linguístico é o detalhamento oral de significados vinculados às representações não visuais. No exemplo, um dos licenciandos descreveu atração e repulsão de partículas carregadas eletricamente por meio de expressões como: "elas se afastam, uma vai para um lado e outra para o outro" e "positivo com negativo se aproximam uma da outra". Embora possa ter se equivocado ao afirmar que as partículas adquirem movimento (algo que não ocorre necessariamente), a explicação do licenciando apresentou referencial tátil inerente ao sentido das forças elétricas aplicadas pelos corpos eletricamente carregados. Dessa forma, abordou significados vinculados às representações não visuais, significados esses acessíveis ao aluno B.

Linguagem 9: auditiva e visual independentes/significado vinculado às representações não visuais

Na sequência, apresento exemplos de frases com o perfil linguístico abordado.

Trecho 14

E-3: Na primeira metade do século XIX provou-se que a corrente elétrica produz um campo magnético.

E-3: André Marie Ampère observou que um fio percorrido por corrente elétrica apresenta determinado movimento quando está num campo magnético.

Informações projetadas e lidas pelo licenciando

Uma característica marcante da presente linguagem é a simultaneidade entre projeção e descrição oral de informações. Tais informações, todavia, contêm os mesmos significados vinculados às representações não visuais. No Trecho 14, tal significado refere-se à aquisição de movimento por fio percorrido por corrente elétrica inserido num campo magnético.

Linguagem 10: tátil-auditiva interdependente/significado indissociável de representações não visuais

Na sequência, apresento um exemplo desse perfil linguístico.

Trecho 15

E-3: Vamos falar um pouco sobre os efeitos da corrente, o que vocês podem citar sobre os efeitos da corrente no fio ou em qualquer material?

A-v: Calor.

E-3: Calor, mas em que sentido? Da um exemplo prático.

A-v: A lâmpada.

E-3: Isso, a lâmpada, a gente vê que a lâmpada esquenta, vamos fazer um pouco de barulho aqui.

Liga o equipamento multissensorial – tátil-audiovisual – (Figura 8).

E-3: Aluno B aproxime a mão da lâmpada.

Aproxima as mãos de (B) da lâmpada recém-apagada.

B: Nossa como a lâmpada está quente!

Figura 8 – Circuito elétrico multissensorial (interface visual, auditiva e tátil).

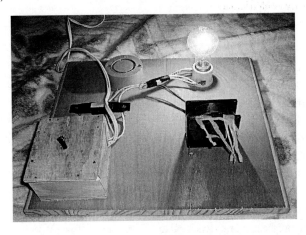

No Trecho 15 foi abordado significado indissociável de representações não visuais (tátil), ou seja, o aquecimento de uma lâmpada devido à passagem de corrente elétrica. Esse aquecimento foi tratado dentro do contexto dos efeitos produzidos pela corrente elétrica. Para tal, o licenciando ligou equipamento multissensorial que simultaneamente acendia e aquecia uma lâmpada, acionava uma campainha e fazia girar um pequeno ventilador (ver Figura 8). Após funcionar por um tempo, o licenciando retirou do equipamento a lâmpada e fez que B aproximasse a mão dela. Assim, percebeu o discente que a lâmpada encontrava-se a uma maior temperatura em comparação à de seu corpo. É importante notar que o significado veiculado (aquecimento da lâmpada) é, do ponto de vista semântico-sensorial, indissociável de representação tátil.

Linguagem 11: auditiva e visual independentes/significado sem relação sensorial

Veicula, por meio de códigos auditivos e visuais independentes, significados sensorialmente não relacionáveis. Na sequência, dois exemplos desse perfil linguístico são apresentados.

Trecho 16

E-2: Foi Benjamim Franklin que denominou os termos eletricidade positiva e eletricidade negativa.

E-2: Esses termos são apenas uma denominação, porque ninguém nunca viu um elétron, uma carga positiva e uma carga negativa.

Trecho 17

E-4: Na primeira metade do século XIX provou-se que a corrente elétrica produz um campo magnético.

Nesse perfil linguístico as informações são projetadas e lidas simultaneamente. Como os significados veiculados não possuem relacionabilidade sensorial (cargas positiva e negativa, corrente elétrica produz campo magnético), eles foram acessíveis ao discente cego de nascimento. Posteriormente, melhor discussão acerca de tais significados será apresentada.

Linguagem 12: fundamental auditiva/significado indissociável de representações não visuais

Note o exemplo seguinte.

Trecho 18

E-3: Alguém tem outro exemplo sobre os efeitos da corrente elétrica?
A-v: O chuveiro.

E-3: Exatamente, e tem mais algum efeito, alguém aqui já tomou choque?

B: Eu já!

E-3: Então, esses são os efeitos fisiológicos, os músculos têm reações por causa dos efeitos fisiológicos.

No Trecho 18, um dos licenciandos, um dos alunos videntes e B discutiram acerca do aquecimento da água produzido no chuveiro e de choque elétrico. Tais significados são indissociáveis de representações não visuais (tátil).

116 EDER PIRES DE CAMARGO

Linguagem 13: fundamental auditiva/significado sem relação sensorial

Observe o Trecho 19.

Trecho 19

E-4: A noção de campo é uma coisa complicada, porque o campo não é uma coisa tátil, você não consegue pegar, você não consegue sentir, você não consegue ver.

E-4: É uma coisa que está disperso, está no ar não é uma coisa que você tenha um contato direto.

E-4: A gente sabe que existe o campo pelos efeitos que ele provoca nos objetos.

Acerca do Trecho 19, bem como dos Trechos 16 e 17, anteriormente apresentados, faço os comentários: é possível ver, ouvir, tatear, ou seja, estabelecer uma observação empírica direta dos campos elétrico ou magnético, de partículas atômicas ou subatômicas, das cargas elétricas associadas a tais partículas, do fenômeno da corrente elétrica etc.? Visando buscar respostas aos questionamentos indicados, notem-se as assertivas apresentadas pelo professor Alberto Gaspar (2000a) da Unesp de Guaratinguetá.

a eletricidade reside na carga elétrica, propriedade de algumas partículas elementares, cuja compreensão e aplicações se ampliam dia a dia, embora a natureza intrínseca dessa propriedade talvez nunca seja compreendida [...]

Inacessíveis à observação direta, elas (partículas atômicas e subatômicas) são detectadas indiretamente pelas pistas ou traços deixados em grandes máquinas onde são produzidos os mais diferentes ensaios experimentais [...]

Embora represente situações concretas, o campo elétrico é uma ideia abstrata. Um corpo carregado eletricamente altera a região em que ele se encontra, mas não é possível ver essa alteração.

Não é, portanto, a resposta aos questionamentos apresentados. Para os casos, por exemplo, dos campos elétrico e magnético, foi criado, por Faraday, a ideia de linha de campo, que, entre tantos objetivos, visa tornar observável algo abstrato, teórico e construído hipoteticamente para explicar efeitos a distância: "Por essa razão, os físicos utilizam o conceito de linhas de campo ou linhas de força, criado por Faraday" (Gaspar, 2000a). Na verdade, o conceito de linha de campo "é a forma de dar a uma ideia abstrata uma configuração concreta" (ibidem).

Linguagem 14: tátil-auditiva interdependente/significado de relação sensorial secundária

Um exemplo desse perfil linguístico é apresentado na sequência.

Trecho 20

E-3: Isso que você está pondo a mão é um voltímetro.

B: Voltímetro?

E-3: Mede tensão e mede corrente dependendo do jeito que você segura esse botão.

Por meio de códigos táteis e auditivos interdependentes, a presente linguagem veicula significados de relacionabilidade sensorial secundária. O Trecho 20 apresenta o discente cego observando tatilmente um voltímetro enquanto é orientado auditivamente pelo licenciando acerca das funções do equipamento.

Sintetizando, no Quadro 14 indico as linguagens geradoras de viabilidades comunicacionais, a característica peculiar da linguagem, suas porcentagens, bem como o recurso instrucional mais frequente em cada uma delas. Observa-se que as linguagens encontram-se dispostas em ordem decrescente.

118 EDER PIRES DE CAMARGO

Quadro 14 – Síntese e características das linguagens geradoras de viabilidades comunicacionais (grupo de eletromagnetismo)

Linguagem	Porcentagem aproximada	Característica peculiar	Recurso instrucional mais empregado
Linguagem 5	22%	Abordagem oral de significados de relacionabilidade sensorial secundária	Não utilizado
Linguagem 6	21%	Condução das mãos do aluno	Maquetes e equipamentos táteis
Linguagem 7	20%	Projeção e descrição oral de significados de relacionabilidade sensorial secundária	Data show, retroprojetor.
Linguagem 8	15%	Recorrência à "imagens não visuais mentais"	Não utilizado
Linguagem 9	8%	Indicar oralmente frases projetadas	Data show, retroprojetor, lousa.
Linguagem 10	4%	Observação não visual de fenômeno	Equipamentos táteis
Linguagem 11	4%	Indicar oralmente frases projetadas contendo significados sem relação sensorial	Data show, retroprojetor.
Linguagem 12	3%	Descrição oral de significados não visuais	Não utilizado
Linguagem 13	2%	Descrição oral de significados sem relação sensorial	Não utilizado
Linguagem 14	1%	Condução das mãos do aluno	Equipamentos táteis
Total de viabilidades (vertical)	122	X	X

Relação entre linguagem e contexto comunicacional

Retomando, a quantidade de dificuldade comunicacional foi de 92 (quatro perfis linguísticos) E a de viabilidade, de 122 (dez perfis linguísticos). Aproximadamente 90% desse conjunto ocorreram em episódios comuns a todos os alunos, e 10%, em episódios particulares. A cada dificuldade e viabilidade associei um momento e um padrão discursivo. Combinando os momentos e os padrões discursivos obtive, assim como no grupo de óptica, cinco contextos

SABERES DOCENTES PARA A INCLUSÃO DO ALUNO... 119

comunicacionais que descrevo de forma decrescente de ocorrência: episódio não interativo/de autoridade; episódio interativo/de autoridade; episódio particular interativo/de autoridade; episódio interativo/dialógico; e episódio particular não interativo/de autoridade.

A maioria da ocorrência de episódios comuns a todos os alunos (aproximadamente 70%) caracterizou-se por relações discursivas não interativas/de autoridade. Uma quantidade menor (aproximadamente 25%) caracterizou-se por relações interativas/de autoridade e uma minoria (aproximadamente 5%) por relações interativas/dialógicas. Aproximadamente 85% da ocorrência de episódios particulares caracterizaram-se por relações discursivas interativas/de autoridade e 15%, por relações discursivas não interativas/de autoridade

Os números apresentados contribuem para o entendimento da organização das atividades em relação à presença do aluno com deficiência visual, que se deu, na grande maioria das vezes, em atividades comuns a todos os discentes, e, em determinadas ocasiões, em atividades particulares. Indicam ainda o perfil discursivo das atividades, fundamentado, majoritariamente, em argumentações retórica e socrática e de forma discreta, em argumentações dialógicas. Na sequência, explicito, respectivamente, as relações: contexto comunicacional/linguagem geradora de dificuldade e contexto comunicacional/linguagem geradora de viabilidade.

Contexto comunicacional/linguagem geradora de dificuldades

O Quadro 15 explicita a relação entre contexto comunicacional e linguagem geradora de dificuldade, bem como o impacto quantitativo dessa relação.

120   EDER PIRES DE CAMARGO

Quadro 15 – Relaciona as variáveis: contexto comunicacional e linguagens inacessíveis (grupo de eletromagnetismo)

Contexto comunicacional (direita) Linguagem (abaixo)	Episódio não interativo/ de autoridade	Episódio interativo/de autoridade	Frequência/ horizontal
Audiovisual interdependente/ significado vinculado às representações visuais.	85	4	89
Audiovisual interdependente/ significado indissociável de representações visuais.	1	0	1
Auditiva e visual independentes/ significado vinculado às representações visuais	1	0	1
Tátil-auditiva interdependente/ significado indissociável de representações visuais	1	0	1
Frequência vertical	88	4	92

A análise do Quadro 15 indica que perfil linguístico gerador de dificuldade mostrou-se mais comum em determinado contexto comunicacional.

Episódio não interativo/de autoridade

Nesse contexto, aproximadamente 97% das dificuldades estiveram relacionadas ao emprego de linguagem audiovisual interdependente/ significado vinculado às representações visuais, e 1%, relacionadas, respectivamente, ao emprego das linguagens audiovisual interdependente/significado indissociável de representações visuais, auditiva e visual independentes/significado vinculado às representações visuais e tátil-auditiva interdependente/significado indissociável de representações visuais.

Em termos estruturais, as dificuldades identificadas estiveram relacionadas a duas características predominantes: (a) utilização de linguagem de estrutura empírica audiovisual interdependente (em torno de 98%); e (b) abordagem de significados vinculados às representações visuais (aproximadamente 98%).

Episódio interativo/de autoridade

Nesse contexto, 100% das dificuldades estiveram relacionadas ao emprego de linguagem áudio-visual interdependente/significado vinculado às representações visuais.

A totalidade de dificuldades esteve relacionada aos contextos comunicacionais comuns a todos os alunos. Nesses contextos, o emprego de linguagem de estrutura empírica audiovisual interdependente mostrou-se prática majoritária. O emprego de linguagens de estruturas empíricas tátil-auditiva interdependente e auditiva e visual independentes foi minoritário. Do ponto de vista semântico-sensorial, as dificuldades relacionaram-se quase que totalmente aos significados vinculados às representações visuais.

Esses números indicam oito características marcantes das dificuldades comunicacionais do grupo de eletromagnetismo:

a) presença majoritária de dificuldades relacionadas à estrutura empírica audiovisual interdependente;

b) presença majoritária de dificuldades relacionadas aos significados vinculados às representações visuais;

c) as dificuldades oriundas de estrutura empírica audiovisual interdependente relacionaram-se quase que totalmente aos significados vinculados às representações visuais;

d) significados indissociáveis de representações visuais participaram discretamente do conjunto de dificuldades comunicacionais;

e) não ocorreram dificuldades em episódios particulares;

f) episódios comuns a todos os alunos caracterizaram-se majoritariamente pelo emprego de linguagem de estrutura empírica audiovisual interdependente;

g) a interatividade mostrou-se fator discreto de dificuldades;

h) não foram verificadas dificuldades provenientes da relação: interatividade/linguagens de estruturas empíricas visualmente independentes (tátil-auditiva interdependente e auditiva e visual independentes).

Contexto comunicacional/linguagem geradora de viabilidades

No Quadro 16 explicito a relação entre contexto comunicacional e linguagem geradora de viabilidade, bem como o impacto quantitativo dessa relação.

Quadro 16 – Relaciona as variáveis: contexto comunicacional e linguagens acessíveis (grupo de eletromagnetismo)

Contexto comunicacional (direita) Linguagem (abaixo)	Episódio não interativo/de autoridade	Episódio interativo/de autoridade	Episódio particular interativo/de autoridade	Episódio interativo/dialógico	Episódio particular não interativo/de autoridade	Frequência horizontal
Fundamental auditiva/ significado de relação sensorial secundária	8	15	4	0	0	27
Tátil-auditiva interdependente/ significado vinculado a representações não visuais	4	8	11	0	3	26
Auditiva e visual independentes/ significado de relação sensorial secundária	23	1	0	0	0	24
Fundamental auditiva/ significado vinculado à representações não visuais	6	7	0	4	0	17

continua

SABERES DOCENTES PARA A INCLUSÃO DO ALUNO... **123**

Contexto comuni-cacional (direita) Linguagem (abaixo)	Episódio não inte-rativo/de autori-dade	Episódio intera-tivo/de autori-dade	Episódio particular intera-tivo/de autori-dade	Episódio intera-tivo/dia-lógico	Episódio particular não inte-rativo/de autori-dade	Fre-quência horizontal
Auditiva e visual inde-pendentes/ significado vinculado a represen-tações não visuais	5	3	0	2	0	10
Tátil-audi-tiva interde-pendente/ significado indisso-ciável de represen-tações não visuais	1	4	0	0	0	5
Auditiva e visual inde-pendentes/ significado sem relação sensorial	4	1	0	0	0	5
Fundamen-tal auditiva/ significado indisso-ciável de represen-tações não visuais	1	2	1	0	0	4
Fundamen-tal auditiva/ significado sem relação sensorial	2	1	0	0	0	3
Tátil-audi-tiva interde-pendente/ significado de relação sensorial secundária	0	0	1	0	0	1
Frequência vertical	54	42	17	6	3	122

124 EDER PIRES DE CAMARGO

O Quadro 16 indica que perfil linguístico gerador de viabilidade mostrou-se mais comum em determinado contexto comunicacional.

Episódio não interativo/de autoridade

Nesse contexto, aproximadamente 40% das viabilidades estiveram relacionadas ao emprego de linguagem auditiva e visual independentes/significado de relação sensorial secundária; 15%, ao emprego de linguagem fundamental auditiva/significado de relação sensorial secundária; 11%, ao emprego de linguagem fundamental auditiva/significado vinculado às representações não visuais; e 9%, ao emprego de linguagem auditiva e visual independentes/significado vinculado às representações não visuais. Ainda no contexto aqui analisado, aproximadamente 7% das viabilidades estiveram relacionadas, respectivamente, ao emprego das linguagens auditiva e visual independentes/significado sem relação sensorial e tátil-auditiva interdependente/significado vinculado às representações não visuais. Por fim, 3,7% das viabilidades relacionaram-se ao emprego de linguagem fundamental auditiva/significado sem relação sensorial (duas utilizações), e 1,8%, relacionadas, respectivamente, ao emprego das linguagens fundamental auditiva/significado indissociável de representações não visuais (uma utilização) e tátil-auditiva interdependente/significado indissociável de representações não visuais (uma utilização).

Em termos estruturais, as viabilidades identificadas estiveram relacionadas a duas características predominantes: (a) utilização de linguagens de estruturas empíricas auditiva e visual independentes (aproximadamente 60%) e fundamental auditiva (aproximadamente 30%). Linguagens de estrutura empírica tátil-auditiva interdependente mostraram-se menos frequentes no contexto aqui analisado (em torno de 10%); e (b) abordagem de significados de relacionabilidade sensorial secundária (em torno de 60%) e vinculados a representações não visuais (aproximadamente 30%). Significados sem relação sensorial (10%) e indissociáveis de representações não visuais (4%) mostraram-se menos frequentes. Em síntese, em episódios não interativos/de autoridade, os licenciandos, de forma majoritária, veicularam significados de relação

SABERES DOCENTES PARA A INCLUSÃO DO ALUNO... 125

sensorial secundária e significados vinculados às representações não visuais. Em tal contexto, a predominância deu-se às relações: estruturas empíricas auditiva e visual independentes e fundamental auditiva/ significados de relacionabilidade sensorial secundária – conteúdos factuais: significados basicamente ligados à descrição de fatos históricos como nomes, lugares, datas, etc. (Zabala, 1998).

Episódio interativo/de autoridade

Aqui, aproximadamente 35% das viabilidades estiveram relacionadas ao emprego de linguagem fundamental auditiva/significado de relação sensorial secundária; 20%, ao emprego de linguagem tátil--auditiva interdependente/significado vinculado às representações não visuais; e 17%, ao emprego de linguagem fundamental auditiva/ significado vinculado às representações não visuais. Continuando, 10% das viabilidades estiveram relacionadas ao emprego de linguagem tátil-auditiva interdependente/significado indissociável de representações não visuais; 7%, ao emprego de linguagem auditiva e visual independentes/significado vinculado às representações não visuais; e 5%, ao emprego de linguagem fundamental auditiva/significado indissociável de representações não visuais. Por fim, em torno de 2% das viabilidades estiveram relacionadas, respectivamente, ao emprego das linguagens fundamental auditiva/significado sem relação sensorial, auditiva e visual independentes/significado sem relação sensorial, e auditiva e visual independentes/significado de relação sensorial secundária.

Do ponto de vista semântico-sensorial, prevaleceu a veiculação de significados vinculados às representações não visuais (em torno de 43%) e de relação sensorial secundária (aproximadamente 38%). Significados indissociáveis de representações não visuais e sem relação sensorial foram veiculados em frequência minoritária (aproximadamente 20%). A veiculação dos significados mencionados ocorreu por meio de linguagens de estruturas empíricas fundamental auditiva, tátil-auditiva interdependente e auditiva e visual independentes. Gostaria de destacar que as relações tátil-auditiva interdependente

126   EDER PIRES DE CAMARGO

e fundamental auditiva/significados vinculadas às representações não-visuais, bem como fundamental auditiva/significados de relação sensorial secundária mostraram-se majoritárias no presente contexto comunicacional.

Episódio particular interativo/de autoridade

Nesse contexto, em torno de 65% das viabilidades estiveram relacionadas ao emprego de linguagem tátil-auditiva interdependente/ significado vinculado às representações não visuais; 24%, ao emprego de linguagem fundamental auditiva/significado de relação sensorial secundária; e 6%, respectivamente, ao emprego das linguagens fundamental auditiva/significado indissociável de representações não visuais e tátil-auditiva interdependente/significado de relação sensorial secundária.

Em termos estruturais, as viabilidades identificadas estiveram relacionadas a duas características predominantes: (a) emprego de linguagens de estrutura empírica tátil-auditiva interdependente (70%); e (b) veiculação de significados vinculados às representações não visuais (65%). Linguagens de estrutura empírica fundamental auditiva foram empregadas em menor quantidade (30%), fato também verificado junto à veiculação dos significados de relacionabilidade sensorial secundária (30%), e indissociáveis de representações não visuais (6%).

Episódio interativo/dialógico

Nesse contexto, 67% das viabilidades estiveram relacionadas ao emprego de linguagem fundamental auditiva/significado vinculado às representações não visuais e 33%, ao emprego de linguagem auditiva e visual independentes/significado vinculado às representações não visuais.

Em termos estruturais, as viabilidades relacionaram-se a duas características predominantes: (a) emprego de linguagem fundamental auditiva (67%); e (b) veiculação exclusiva de significados vinculados às representações não visuais. Linguagens de estrutura empírica auditiva e visual independentes foram empregadas de forma minoritária (33%).

Episódio particular não interativo/de autoridade

Nesse contexto, 100% das viabilidades estiveram relacionadas ao emprego de linguagem tátil-auditiva interdependente/significado vinculado às representações não visuais.

A partir dos números explicitados, indico dez características marcantes das viabilidades comunicacionais do grupo de eletromagnetismo:

a) predominância de viabilidades nos contextos comunicacionais comuns a todos os discentes;

b) predominância, nos contextos comuns a todos os discentes, do emprego das estruturas empíricas: fundamental auditiva e auditiva e visual independentes;

c) predominância de viabilidades relacionadas aos significados de relacionabilidade sensorial secundária (conteúdos factuais);

d) os elementos "não interatividade" e "autoridade" mostraram-se adequados à veiculação de significados de relacionabilidade sensorial secundária;

e) ocorrência frequente de viabilidades relacionadas aos significados indissociáveis de representações não visuais em episódios caracterizados pelo elemento "interatividade";

f) os episódios particulares facilitaram a utilização de linguagens de estrutura empírica tátil-auditiva interdependente, bem como a veiculação de significados vinculados às representações não visuais;

g) ocorrência de viabilidades relacionadas à estrutura empírica tátil--auditiva interdependente nos episódios não interativo/de autoridade e interativo/de autoridade;

h) ocorrência de viabilidades relacionadas à veiculação dos significados eletromagnéticos sem relação sensorial;

i) maior número de viabilidades em contextos comunicacionais interativos e/ou de autoridade;

j) Não ocorrência da relação: viabilidade/estrutura empírica audiovisual interdependente.

Concluo aqui a análise de dificuldade e viabilidade de comunicação para o grupo de eletromagnetismo. Na sequência, abordo as relacionadas aos experimentos.

Dificuldade experimento

Identifiquei esse perfil de dificuldade em quatro ocasiões. Ele esteve ligado à realização de experimento demonstrativo, em episódios não interativos e com o emprego de linguagem audiovisual interdependente/significado vinculado às representações visuais.

Os experimentos realizados foram os seguintes: (1) experimento demonstrativo do processo de eletrização por atrito (licenciando esfregava bexigas no cabelo e aproximava uma da outra produzindo repulsão entre elas); (2) experimento demonstrativo (licenciandos atritam bexiga no cabelo, aproximam da extremidade do eletroscópio e as lâminas internas se afastam) (Figura 9); (3) licenciando liga o painel abre e fecha chaves fazendo determinadas regiões do painel não funcionarem, executa medidas de corrente e tensão demonstrando como utilizar os medidores elétricos (Figura 10); (4) licenciando demonstra configuração de campo magnético sobre limalha de ferro colocada sobre superfície de papel.

Figura 9 – Eletroscópio utilizado em experimento demonstrativo.

Figura 10 – Circuito elétrico utilizado em experimento demonstrativo.

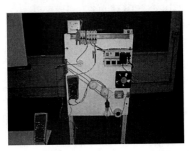

Viabilidade experimento

Identificada em cinco ocasiões, esteve relacionada à realização de experimentos participativo e demonstrativo, em episódios interativos e com o emprego de linguagens de estruturas empíricas tátil-auditiva interdependente e fundamental auditiva.

Os experimentos realizados foram os seguintes: (5) eletrização por atrito: aluno com deficiência visual atrita caneta no cabelo, aproxima a caneta atritada dos papeis que estão sobre sua mão e eles são atraídos; (6) aluno com deficiência visual pega nas mãos pequenos pedaços de papel, licenciando esfrega em sua cabeça a bexiga, aproxima dos papeis sobre a mão do discente cego e eles são atraídos; (7) gaiola de Faraday: (a) licenciando envolve num pedaço de papel um rádio ligado e o rádio continua a funcionar, (b) licenciando envolve o rádio numa folha de papel alumínio e o rádio deixa de funcionar; (8) efeitos da corrente elétrica: licenciando liga o circuito multissensorial (Figura 7), discente cego observa por meio do tato e da audição os equipamentos funcionando (ventilador e buzina), ocorre discussão entre os alunos com e sem deficiência visual sobre os efeitos da corrente elétrica nos aparelhos; (9) licenciando conduz as mãos do aluno com deficiência visual ao longo dos equipamentos experimentais desligados (Figura 7), dá oportunidade para que o discente cego apresente suas dúvidas e compreensões acerca do funcionamento e do não funcionamento dos equipamentos.

Sintetizando: as classes "comunicação" e "experimento" representaram para o grupo de eletromagnetismo dificuldade e viabilidade de inclusão. Na sequência, abordo as classes que representaram dificuldade ou viabilidade de inclusão.

Classes que representam dificuldade ou viabilidade à inclusão do aluno com deficiência visual

Dificuldade segregação

Foi identificada em seis ocasiões. Como abordei no Capítulo 4, diz respeito à criação, no interior da sala de aula, de ambientes segregativos de ensino. É o que denominei "modelo educacional 40 + 1. O Quadro 17 apresenta um panorama da dificuldade de segregação.

Figura 11 – Maquete tátil-visual-auditiva analógica: corrente elétrica, ddp, resistividade elétrica.

Quadro 17 – Síntese das atividades segregativa e principal realizadas simultaneamente

Tema atividade segregativa	Tema atividade principal	Recurso instrucional atividade segregativa	Recurso instrucional atividade principal	Interatividade atividade segregativa	Interatividade atividade principal
Atividade 1: definições básicas sobre campo elétrico	Campo elétrico no interior de condutores em equilíbrio eletrostático e ocorrência de raios	Maquete tátil	Lousa	Interativo	Não interativo
Atividade 2: circuito elétrico	Atividade experimental	Maquete tátil	Circuito elétrico	Interativo	Não interativo
Atividade 3: corrente elétrica diferença de potencial, resistência elétrica e resistividade elétrica.	Realização de experimento	Maquete tátil-visual-auditiva (Figura 11)	Limão, duas placas metálicas de diferentes materiais, fio para conexão.	Interativo	Interativo
Atividade 4: Reconhecimento tátil de medidor elétrico (voltímetro)	Resolução de problema sobre circuito elétrico	Voltímetro	Lousa	Interativo	Não interativo
Atividade 5: Condutores, isolantes, corrente elétrica e fusível	Cálculos de gasto de energia elétrica	Não utilizado	Lousa	Não interativo	Não interativo
Atividade 6: Experimento: efeito do campo magnético sobre a limalha de ferro	Unidade de campo magnético, campo magnético em espira circular, relação corrente elétrica/campo magnético, configuração de linhas de campo magnético em espira e fios retos, regra da mão direita para identificar direção e sentido de campo magnético, intensidade de campo magnético.	Ímã, limalha de ferro, papelão.	Lousa	Interativo	Não interativo

Dificuldade operação matemática

Foi identificada em cinco ocasiões. Os cálculos foram realizados em episódios não interativos e com o emprego de linguagem de estrutura empírica fundamental auditiva. Os cálculos não realizados pelo aluno cego estiveram relacionados aos seguintes temas: problemas envolvendo a aplicação da lei de Coulomb (em dois momentos), problemas sobre receptores elétricos (um momento) e problemas envolvendo medidores elétricos (dois momentos).

Viabilidade utilização de materiais

Verificada em cinco ocasiões, refere-se à utilização, junto aos alunos videntes, das maquetes desenvolvidas para o ensino do aluno com deficiência visual. Tal utilização ocorreu com o emprego de linguagem de estrutura empírica audiovisual interdependente e em episódios não interativos.

Cinco foram as maquetes utilizadas: (a) registro tridimensional de cargas elétricas positiva e negativa e suas respectivas linhas de força (Figura 12); (b) maquete tátil-visual de cargas elétricas positiva e negativa e a interação entre suas linhas de força (Figura 13); (c) maquete tátil-visual de rede cristalina cúbica (Figura 14); (d) maquete analógica tátil-visual de condutor elétrico (comprimento do condutor, área do condutor e resistividade do condutor) – segunda Lei de Ohm – (Figura 7); (e) maquete tátil-audiovisual analógica (corrente elétrica, diferença de potencial, resistência elétrica e resistividade elétrica – Figura 11). Não detalharei aqui a forma de construir as maquetes indicadas. Se o leitor quiser maiores detalhes, pode consultar Camargo et al. (2009).

SABERES DOCENTES PARA A INCLUSÃO DO ALUNO... 133

Figura 12 – Registro tridimensional de representação de cargas elétrica positiva e negativa e suas respectivas linhas de força.

Figura 13 – Maquete tátil-visual de representação de cargas elétricas positiva e negativa e a interação entre suas linhas de força.

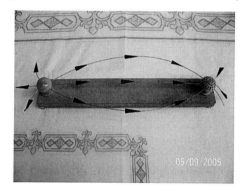

Figura 14 – Maquete tátil-visual de rede cristalina cúbica.

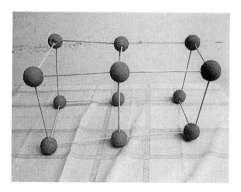

Viabilidade apresentação de modelos

Foi identificada em duas ocasiões. Ocorreu em episódios interativos e com o emprego de linguagens de estrutura empírica fundamental auditiva. Como houve a permuta da função de interlocução entre licenciando e discentes com e sem deficiência visual, B pôde expressar-se. Os modelos por ele apresentados foram os seguintes: (a) modelo sobre eletricidade: eletricidade é como bolinhas que devem chegar a algum lugar, mas por vários caminhos; (b) modelo para corrente elétrica: corrente elétrica é semelhante a um cano passando água.

A título de exemplificação, apresento um dos modelos do aluno cego (modelo b).

Trecho 21

E-3: Agora eu vou fazer uma pergunta aqui, parece simples, mas não é tão simples.

Liga o equipamento (Figura 10)

E-3: O que acontece quando eu desligo aqui? (chave) Por que que acaba? (o funcionamento dos equipamentos)

A-v: Corta a corrente elétrica.

B: É tipo ligar na torneira não é? A torneira você abre, sobe o parafuso para cima e a água sai. Aí você cocha a torneira ela fecha e aí a água não passa mais, é tipo uma chave.

O modelo evidencia que B possui representação mental acerca do fenômeno da corrente elétrica e que tal representação foi por ele construída pelo estabelecimento de analogia entre corrente elétrica e água passando por uma torneira. Ou seja, a partir de influências sociais e do conhecimento do funcionamento do objeto "torneira", ele relacionou o fluxo de água em um cano com o fenômeno da corrente elétrica em um fio condutor.

Viabilidade apresentação de hipótese

Foi verificada em duas ocasiões. Sua ocorrência esteve relacionada a episódios interativos e ao emprego de linguagens de estruturas empíricas tátil-auditiva interdependente e auditiva e visual independentes. Essa viabilidade refere-se a situações em que o discente apresentou relações de causa e efeito para um determinado fenômeno eletromagnético.

As hipóteses foram as seguintes: (a) hipótese para as causas do funcionamento dos equipamentos elétricos do circuito (Figura 10); (b) hipótese inerente aos efeitos do campo magnético que passa através de diferentes meios materiais. Na sequência, apresento a hipótese (a).

Trecho 22

E-3: A gente está tentando organizar um pouco as ideias, alguém quer dizer o que acontece dentro dos fios, o que faz com que a lâmpada acenda a buzina toque e o ventilador gire?

A-v: Passa uma corrente elétrica.

B: A eletricidade positiva e negativa se encontra, em todos os fios tem o positivo e negativo.

E-3: Você poderia repetir?

B: Eu acho que a eletricidade positiva e negativa se encontra e acontece o fenômeno.

Como indica o Trecho 22, B apresentou hipótese para o funcionamento dos equipamentos elétricos constituintes do circuito (Figura 10). Essa hipótese fundamenta-se no argumento de que ocorre, no interior do fio, o encontro de eletricidade positiva com eletricidade negativa. Esse encontro, segundo o discente, faz os equipamentos funcionarem. O que está em análise não é se a hipótese do discente está correta ou incorreta. O que busco evidenciar é que o discente, à medida que as atividades tornaram-se interativas, elaborou hipóteses explicativas para fenômenos eletromagnéticos. Essa elaboração de hipóteses e também de modelos é fundamental ao processo de aprendizagem do aluno.

Buscando uma síntese, apresento os Quadros 18 e 19, os quais explicitam as classes de dificuldades e viabilidades, bem como suas características intrínsecas marcantes.

136 EDER PIRES DE CAMARGO

Quadro 18 – Classes e características intrínsecas das dificuldades de inclusão (grupo de eletromagnetismo)

Classe/dificuldade/inclusão	Estrutura empírica predominante	Estrutura semântico--sensorial predominante	Contexto predominante
Comunicação	Audiovisual inter-dependente	Significados vinculados às representações visuais	Episódios não interativos
Segregação	Audiovisual inter-dependente	Significados vinculados às representações visuais	Episódios não interativos
Experimento	Audiovisual inter-dependente	Significados indissociáveis de representações visuais	Episódios não interativos
Operação matemática	Audiovisual inter-dependente	Significados vinculados às representações visuais	Episódios não interativos

Quadro 19 – Classes e características intrínsecas das viabilidades de inclusão (grupo eletromagnetismo)

Natureza/viabilidade/inclusão	Estrutura empírica predominante	Estrutura semântico--sensorial predominante	Contexto metodológico predominante
Comunicação	Fundamental auditiva, auditiva e visual independente e tátil-auditiva interdependente.	Significados: vinculados às representações não visuais, de relacionabilidade sensorial secundária e sem relacionabilidade sensorial.	Episódios não interativos e particulares interativos
Apresentação de modelos	Fundamental auditiva	Significado vinculado às representações não visuais	Episódios interativos
Utilização de materiais	Audiovisual inter-dependente	Significado vinculado às representações visuais	Episódios não interativos
Experimento	Tátil-auditiva inter-dependente e Fundamental auditiva	Significados vinculados às representações não visuais	Episódios interativos
Apresentação de hipóteses	Fundamental auditiva	Significado vinculado às representações não visuais	Episódios interativos

6
PANORAMA DAS DIFICULDADES E VIABILIDADES PARA A INCLUSÃO DO ALUNO COM DEFICIÊNCIA VISUAL EM AULAS DE MECÂNICA

Para as atividades do grupo de mecânica, identifiquei quatro classes de dificuldades de inclusão e cinco, de viabilidades. Essas classes são as seguintes: (a) dificuldades: comunicação, operação matemática, segregação e operação de software; (b) viabilidades: comunicação, operação matemática, apresentação de modelos, apresentação de hipóteses e experimento. Observe-se o Quadro 20.

Quadro 20 – Panorama de dificuldades e viabilidades de inclusão para o aluno cego de nascimento (grupo de mecânica)

Classe/dificuldade/ inclusão	Ocorrência	Classe/viabilidade/ inclusão	Ocorrência
Comunicação	Sim	Comunicação	Sim
Operação matemática	Sim	Operação matemática	Sim
Segregação	Sim	Segregativa	Não
Operação de software	Sim	Operação de software	Não
Apresentação de modelos	Não	Apresentação de modelos	Sim
Experimento	Não	Experimento	Sim
Apresentação de hipótese	Não	Apresentação de hipótese	Sim

As classes: comunicação e operação matemática foram comuns às dificuldades e viabilidades. As classes: segregação e operação de software representaram somente dificuldades, enquanto as classes:

138 EDER PIRES DE CAMARGO

apresentação de modelos, apresentação de hipóteses e experimento representaram apenas viabilidade. Seguindo a lógica dos Capítulos 4 e 5, apresento as análises das classes mencionadas.

Classes que representam dificuldade e viabilidade à inclusão do aluno cego de nascimento

Dificuldade de comunicação

Identifiquei 102 momentos de dificuldades de comunicação. Agrupei as dificuldades em razão de seis linguagens formadas pelas seguintes estruturas empíricas: audiovisual interdependente, auditiva e visual independente e fundamental auditiva.

Em relação ao aspecto semântico-sensorial, os significados abordados estiveram relacionados a três estruturas:

a) significado vinculado às representações visuais. Exemplo: registros de símbolos de equações físicas, registro de relações matemáticas, soma vetorial (algébrica e gráfica), indicação de eventos ou propriedades (espaço percorrido, posição do referencial adotado, direção e sentido-velocidade, aceleração, pontos de atuação de forças, decomposição vetorial, registro do sentido de um vetor por ângulos, planos inclinados, trajetórias, forma estrutural de algumas unidades físicas (exemplo: m/s^2, $N \times m^2/Kg^2$ etc.), gráficos, órbitas e posições de planetas e astros celestes;

b) significado indissociável de representações visuais. Exemplo: ideia de visão, energia luminosa etc.;

c) significado sem relação sensorial. Exemplo: ideia de tempo.

No Quadro 21 explicito as estruturas empírica e semântico--sensorial das linguagens geradoras de dificuldades comunicacionais ao aluno B, suas relações e respectivas quantidades.

SABERES DOCENTES PARA A INCLUSÃO DO ALUNO... **139**

Quadro 21 – Dificuldades de comunicação (grupo de mecânica) estruturas empírica e semântico-sensorial das linguagens

Empírica (direita) Semântico-sensorial (abaixo)	Audiovisual interdependente	Auditiva e visual independentes	Fundamental auditiva	Total horizontal
Significado vinculado às representações visuais	79	14	5	98
Significado indissociável de representações visuais	0	2	1	3
Significado sem relação sensorial	0	1	0	1
Total vertical	79	17	6	102

Apresento na sequência as seis linguagens geradoras de dificuldade comunicacional, bem como exemplos dessas.

Linguagem 1: audiovisual interdependente/significado vinculado às representações visuais

Contém exemplos dessa linguagem os Trechos de 1 a 5:

Trecho 1

M-2: Soma de vetores seria assim, aqui você coloca o vetor A, aqui o B, e o soma está aqui ó, ele é a soma de A mais B.

O Trecho 1 apresenta a realização de uma soma vetorial gráfica. Para tal, o licenciando registrou na lousa os módulos, direções e sentidos dos vetores a e b e do vetor soma (a + b). Nesse processo, representam-se o vetor a, o vetor b (origem na extremidade de a) e o vetor soma (origem na origem de a e extremidade na extremidade de b). A estrutura empírica da linguagem não permite ao aluno com deficiência visual ter acesso às informações veiculadas: "aqui você coloca o vetor A, aqui o B, e a soma está aqui ó". Observando o trecho transcrito, a seguinte questão seria pertinente: Aqui onde?

Trecho 2

M-2: A direção de um vetor é se ele está na horizontal, na vertical desenha.

M-2: Mas falar horizontal e vertical é muito pouco porque e se ele estiver na diagonal?

M-2: Mas ele pode estar aqui, aqui, então tem que dar um jeito de medir, então mede com ângulo.

M-2: Esse ângulo aqui, esse é o ângulo que o vetor forma com a horizontal, mas fica a seu critério a escolha.

O Trecho 2 enfoca as características da direção de um vetor. Observe que a linguagem é insuficiente para a descrição da informação: "ele pode estar aqui, aqui" "esse ângulo aqui". Esses fragmentos evidenciam as funções assumidas pelas componentes auditiva e visual da estrutura empírica aqui analisada. Essas funções são, respectivamente, indicativas e demonstrativas, ou seja, o código auditivo é empregado como indicador de objetos, posições, localizações, enquanto o código visual tem por finalidade descrever as características dos objetos, posições etc.

Trecho 3

M-1: O que seria a equação de um objeto acelerado uniformemente?

M-1: Ele está numa posição inicial no tempo zero, e a velocidade dele vai aumentando linearmente, é esta equação da aceleração.

M-1: Se eu colocar o eixo do tempo inicial como zero, vai ser v menos v zero sobre t menos zero.

M-1: Então fica v igual a v0 mais a.t.

M-1: A velocidade inicial que é o v0 nada impede que ela seja zero, o a.t que é a segunda componente aqui é esse tamanho aqui que o que seria?

M-1: A variação da velocidade v menos v0 que o objeto sofreu num tempo t.

M-1: Eu acho que vocês já viram a equação x é igual a x0 mais v0t mais meio de a.t quadrado.

M-1: Se eu isolar o t nesta daqui e jogar nesta daqui eu vou ter, o x0 continua, mais v0 t, que vai ser v menos v0 dividido por a, mais meio de a t quadrado, v menos v0 sobre a ao quadrado.

M-1: Mexendo nesta equação ai eu vou ter aquela lá.

SABERES DOCENTES PARA A INCLUSÃO DO ALUNO... 141

O Trecho 3 relata a demonstração de duas equações do movimento uniformemente variado, a equação da velocidade em razão do tempo ($V = V_0 + $ a.t) e a equação de Torricelli ($V^2 = V_0^2 + 2$ a.x). No processo de comunicação, o licenciando, utilizando-se da lousa, apresentou informações orais (basicamente indicativas) e visuais (basicamente demonstrativas) articuladas de forma interdependente: "é esta equação da aceleração" "o a.t que é a segunda componente aqui é esse tamanho aqui" "se eu isolar o t nesta daqui e jogar nesta daqui" "mexendo nesta equação ai eu vou ter aquela lá". Devido às características descritas, B esteve impossibilitado de participar do processo comunicacional aqui analisado.

Trecho 4

M-3: Se eu tenho aqui um plano inclinado, eu tenho o objeto sobre o plano e a força de atrito e a força normal ao plano.

Desenha o plano e os vetores.

M-3: Eu tenho aqui um plano inclinado, ai tem uma força peso, eu faço aqui a decomposição de vetores.

M-3: Este p aqui vai ser igual à massa vezes a aceleração do corpo, eu calculo a aceleração do corpo.

M-3: Se eu tiver uma superfície assim vai ficar complicado, pois em cada ponto da superfície vai ter uma decomposição diferente.

M-3: A física vai trabalhar isto por meio do conceito de energia, eu não preciso fazer toda esta decomposição de vetores complicada aqui.

A decomposição do vetor peso em um plano inclinado é enfocada no Trecho 4. A partir de tal decomposição, visou o licenciando obter a aceleração do objeto posicionado sobre o plano. Novamente, o emprego de linguagem de estrutura empírica audiovisual interdependente mostrou-se inadequado, já que as funções indicativa e demonstrativa encontraram-se fragmentadas nos códigos auditivo e visual. Ao final do trecho, o licenciando parece ter enfocado outro tipo de superfície: "se eu tiver uma superfície assim vai ficar complicado, pois em cada ponto da superfície vai ter uma decomposição diferente". Essa nova superfície parece ser curva, embora suas reais características estejam descritas na componente visual da linguagem.

142   EDER PIRES DE CAMARGO

Trecho 5

M-4: Para calcular o trabalho de uma força elástica eu tenho que calcular a área abaixo da curva neste gráfico.

M-4: O trabalho deve ser calculado desta forma porque a força aplicada na mola não é constante.

O Trecho 5 relata a explicação do licenciando acerca de como obter o trabalho realizado por uma força elástica. Argumentou que o trabalho pode ser obtido por meio do cálculo da área abaixo da curva de um determinado gráfico. As características do gráfico encontravam-se descritas em seu registro na lousa.

Linguagem 2: auditiva e visual independentes/significado vinculado às representações visuais

Na sequência, há um exemplo do perfil linguístico abordado.

Trecho 6

M-2: Essa daqui é a equação da elipse, x ao quadrado sobre b ao quadrado mais y ao quadrado sobre a ao quadrado é igual a um.

O Trecho 6 refere-se à apresentação da equação da elipse ($X^2/A^2 + Y^2/B^2 = 1$). Ao projetar por meio de um data show a referida estrutura matemática (linguagem visual), o licenciando repetiu oralmente tal equação utilizando-se de uma expressão característica das potências, ou seja, "uma certa letra elevada a uma certa potência". Como já discuti anteriormente, notações de potências em Braille não seguem a estrutura de "algo elevado a algo". A estrutura de fração: "algo sobre algo", também empregada pelo licenciando, não é assim escrita em Braille. Em Braille, essas notações ocorrem horizontalmente, e, portanto, a palavra "elevado" e a palavra "sobre", que descrevem de forma oral um registro visual, não fazem sentido para alunos cegos que utilizam o Braille.

Linguagem 3: fundamental auditiva/significado vinculado às representações visuais

Na sequência, é apresentado um exemplo dessa linguagem.

Trecho 7

> M-3: Então você tem cinco de força dividido por um, a pressão é cinco de força sobre um c m dois.

O Trecho 7 descreve o licenciando efetuando, junto a B, o cálculo de pressão. Destaca-se como aspecto gerador de dificuldade comunicacional a forma como a unidade de área foi expressa, ou seja, "c m dois" (cm^2). O que teria representado para B a expressão: "c m dois"? Teria ele relacionado a mencionada expressão ao significado que busca comunicar, isto é, ao da área de um quadrilátero?

Linguagem 4: auditiva e visual independentes/significado indissociável de representações visuais

Como exemplo dessa linguagem, apresento o Trecho 8.

Trecho 8

> M-1: Ai vem esta frase que eu acho muito bacana o Newton ter escrito, ter deixado que é a seguinte: "se enxerguei além dos outros é porque estava no ombro de gigantes".

A declaração de Newton indica a ideia que ele fez do conhecimento que construiu, isto é, um conhecimento fundamentado e mais bem estruturado do que os produzidos por seus antecessores. Utilizando-se de analogia, relacionou o conhecimento por ele construído ao "enxergar mais longe" sem negar a base fundamentadora da nova forma de saber "é porque estava no ombro de gigantes". A relação entre conhecer e ver indica a influência do elemento "visão" na representação do ato de conhecer, ou seja, exprime o significado indissociável de representações visuais "conhecer é ver". Como pessoas cegas de nascimento, como é o caso do aluno B, interpretam esse tipo de significado? Com certeza, de forma diferente daquelas que pessoas videntes ou que perderam a visão ao longo da vida interpretam, pois os cegos de nascimento não possuem representações ou ideias visuais para fundamentarem suas interpretações.

144 EDER PIRES DE CAMARGO

Linguagem 5: fundamental auditiva/significado indissociável de representações visuais

O Trecho 9 exemplifica o emprego da linguagem em questão.

Trecho 9
M-4: Quais são os tipos de energias que vocês conhecem?
A-v: Luminosa.

Como resposta à questão: "quais são os tipos de energias que vocês conhecem?" um dos alunos videntes afirmou: "luminosa". Esse diálogo, que ocorreu tendo como pano de fundo uma linguagem de estrutura empírica fundamental auditiva, enfocou um tema de significado indissociável de representações visuais, ou seja, a luz. Existe, como discuti no Capítulo 4, para a ideia de luz, significado ligado estritamente às representações visuais.

Linguagem 6: auditiva e visual independentes/significado sem relação sensorial

Veicula, por meio de códigos auditivos e visuais independentes, significados que não se estruturam em representações sensoriais. Na sequência, um exemplo desse perfil linguístico é apresentado.

Trecho 10
M-1: Então o intervalo de tempo delta t vai ser o t2 menos o t1.

Como o significado veiculado não possui relacionabilidade sensorial (especificamente a ideia ligada a intervalo de tempo), as dificuldades decorrentes desse perfil linguístico não estão associadas ao aspecto semântico-sensorial, e sim ao empírico. Dessa forma, devem-se ao detalhamento oral insuficiente das informações veiculadas.

O Quadro 22 explicita sinteticamente as linguagens geradoras de dificuldades comunicacionais, a característica peculiar da linguagem (se houver), suas porcentagens, bem como o recurso instrucional mais frequente em cada uma delas.

Quadro 22 – Linguagens geradoras de dificuldades de comunicação (grupo de mecânica)

Linguagem	Porcentagem aproximada	Característica peculiar	Recurso instrucional mais empregado
Linguagem 1	77%	Indicar oralmente registros visuais	Lousa, data show, retroprojetor
Linguagem 2	14%	Detalhamento oral insuficiente	Lousa, data show, retroprojetor
Linguagem 3	5%	Recorrência à representações dos alunos videntes de significados visualmente vinculados	Não utilizado
Linguagem 4	2%	Som não veicula significados visualmente indissociáveis	Retro projetor, data show
Linguagem 5	1%	Recorrência à "imagens visuais mentais"	Não utilizado
Linguagem 6	1%	Detalhamento oral insuficiente	Lousa, retroprojetor, data show

Viabilidade de comunicação

Identifiquei 122 momentos de viabilidades de comunicação. Agrupei as linguagens contidas nesses momentos em razão de dez linguagens. Notem-se as estruturas empíricas dessas linguagens: (a) fundamental auditiva; (b) auditiva e visual independente; e (c) tátil-auditiva interdependente.

Em relação ao aspecto semântico-sensorial, os significados veiculados estiveram relacionados a quatro estruturas:

a) significados indissociáveis de representações não visuais. Exemplo: força aquecimento, resfriamento etc.;

b) significados vinculados às representações não visuais. Exemplo: direção e sentido de um vetor, deslocamento, velocidade, aceleração, área, formas geométricas etc.;

c) significados sem relação sensorial. Exemplo: energia, massa, tempo e campo gravitacional;

d) significados de relacionabilidade sensorial secundária. Exemplo: aspectos e fatos históricos.

No Quadro 23 explicito as estruturas mencionadas e suas relações.

146 EDER PIRES DE CAMARGO

Quadro 23 – Viabilidade de comunicação (grupo de mecânica) estruturas empírica e semântico-sensorial das linguagens

Empírica (direita) Semântico-sensorial (abaixo)	Fundamental auditiva	Auditiva e visual independentes	Tátil-auditiva interdependente	Total horizontal
Significado indissociável de representações não visuais	35	4	2	41
Significado vinculado às representações não visuais	17	17	5	39
Significado de relacionabilidade sensorial secundária	5	27	0	32
Significado sem relação sensorial	8	2	0	10
Total vertical	65	50	7	122

As dez linguagens geradoras de viabilidade comunicacional e exemplos das mesmas são, portanto, apresentados na sequência.

Linguagem 7: fundamental auditiva/significado indissociável de representações não visuais

Apresento e discuto dois trechos que contêm a presente característica linguística.

Trecho 11

M-3: O que é força. Está associada com o que?

A-v: Movimento.

M-3: Com movimento, mas eu quero uma coisa assim mais do cotidiano, quando cai um objeto, o que causa isto?

A-v: Força.

M-3: Quando eu pego um objeto o que eu estou fazendo?

A-v: Força.

M-3: Força, inclusive no começo, antes de Newton, força era relacionado somente a esforço físico, e esforço físico a gente tem que ter o contato, e a gente sabe que para colocar um corpo em movimento a gente tem que colocar uma força nele, tem que empurrar, tem que puxar.

M-3: Só que força não tem relação apenas com movimento, ela tem relação com repouso também.

M-3: Por exemplo, a estrutura de um prédio, um monte de viga de concreto, super pesado, você tem força, você coloca um objeto na sua mão você percebe que o objeto está exercendo força, no entanto o objeto está parado, mas tem força agindo nele.

M-3: Uma ponte, por exemplo, ou um cabo de aço que está sustentando um elevador, você tem força ali agindo no cabo de asso, então força tem a ver com falta de movimento.

O Trecho 11 descreve um dos licenciandos argumentando com um aluno vidente acerca do que é força. Nesse processo argumentativo, o aluno vidente relacionou força ao movimento. Todavia, o licenciando, além disso, relacionou força ao repouso. Associou o significado de força ao referencial tátil: "força era relacionado somente a esforço físico" [...] "a gente sabe que para colocar um corpo em movimento a gente tem que colocar uma força nele, tem que empurrar, tem que puxar" [...] "você coloca um objeto na sua mão você percebe que o objeto está exercendo força" [...] "uma ponte, por exemplo, ou um cabo de aço que está sustentando um elevador, você tem força ali agindo no cabo de aço". A linguagem utilizada, de estrutura empírica fundamental auditiva, foi acessível ao discente B. A mencionada linguagem veiculou o significado de força, significado este indissociável de representações não visuais (tátil).

Trecho 12

M-2: Imaginem um corpo sobre uma mesa, ele está parado, se nenhuma força atuar sobre este corpo, ou seja, se ninguém for lá e empurrar este corpo em alguma direção ou sentido ele continua parado.

M-2: O apagador não vai sair andando sozinho, então se nenhuma força agir sobre um corpo em repouso ele continua em repouso.

M-2: Uma segunda situação é um corpo em movimento, vocês já viram um corpo entrar em movimento e continuar sempre em movimento?

M-2: Imaginem uma bolinha em movimento, se tiver atrito do ar, atrito com o plano ou um objeto, tudo isto é força, ela para, se não tiver ela continua em movimento.

M-2: A ideia básica da primeira lei de Newton é a seguinte: todo corpo continua em repouso ou movimento retilíneo uniforme sempre que a força resultante sobre ele for nula, ou então se nenhuma força age sobre um corpo ele se move em linha reta ou fica parado.

O objetivo do licenciando foi comunicar o significado da relação força/inércia. Para tanto, recorreu a duas situações: (a) objeto permanece em repouso se sobre ele não agir força. Justificou esse argumento por meio dos exemplos do livro parado sobre a mesa e do apagador que não pode mover-se sozinho (sem a atuação de forças); (b) objeto move-se em linha reta e com velocidade constante se a resultante das forças que atuam sobre ele for nula. Para justificar esse argumento, recorreu ao movimento de uma bolinha que interage com sua vizinhança: "imaginem uma bolinha em movimento, se tiver atrito do ar, atrito com o plano ou um objeto, tudo isto é força, ela para, se não tiver ela continua em movimento".

Os exemplos enfocados referem-se à ideia de força, que do ponto de vista de sua intensidade somente pode ser associada ao referencial observacional tátil. Gostaria de explicar melhor esse tema. Faço isso na sequência.

Defendo que a ideia de intensidade de força é indissociável de representação tátil. Em outras palavras, as experiências empíricas que estabelecemos com o fenômeno da força somente podem se dar pela observação tátil. Não podemos ver força, ouvir força, cheirar força etc. Pensar em força é imaginar algo relacionado ao tato. Tentarei explicar melhor minha ideia na sequência. Sei que esse tema não está fechado e, nesse sentido, convido o leitor a discutir e buscar novos entendimentos ou mesmo se convencer de minha argumentação.

A ideia de força está relacionada com a de interação. Não faz sentido falar de força sem que consideremos ao menos dois corpos. Se você exerce uma força, a exerce em algo ou alguém, que, por sua vez, exerce em você uma força de mesmo modo e direção, mas de sentido oposto. Vejamos alguns dos exemplos apresentados pelo livro do Sears & Zemansky: rebocador puxando navio; pé que se machuca e dói muito mais quando uma pessoa chuta uma rocha do que quando chuta uma bola de pano; dificuldade maior de controlar um carro que se desloca sobre uma pista de gelo do que outro que se desloca sobre uma pista de concreto seco (Young; Freedman, 2003).

Em nosso cotidiano, o entendimento do que é força geralmente está ligado com puxões e empurrões, ou seja, com a necessidade de um contato entre o que exerce a força e o que a recebe. Sabemos, entretanto, que os objetos podem interagir a distância. Dois imãs, corpos eletricamente carregados, O Sol e a Terra, a Terra e a Lua etc. exercem forças uns nos outros mesmo estando separados. Força pode causar deformação em objetos, mas sua característica central de acordo com a física newtoniana é a de produzir mudança no estado de movimento de um corpo (se a resultante de forças que agem nele for diferente de zero). Na prática, força está relacionada com ação. Sempre que consideramos exemplos envolvendo forças, empregamos verbos como: empurrar, puxar, chutar, arrastar, controlar, segurar etc., verbos esses geralmente seguidos de adjetivos como: maior ou menor dificuldade, facilidade etc. O conceito de força, portanto, pode ser relacionado com a ação de agente externo que produz mudança ao longo do tempo no estado de movimento de um objeto livre ou deforma um corpo fixo. Força é "Qualquer influência que tende a acelerar ou deformar um objeto" (Hewitt, 2002).

Sendo uma grandeza vetorial, possui módulo ou intensidade, direção (horizontal, vertical, inclinada etc.) e sentido (da direita para a esquerda, de cima para baixo etc.). Aqui coloco a relação entre intensidade de força e significado indissociável de representação tátil. Como mencionei nos Capítulos 3 e 4, em geral os fenômenos possuem mais de um significado. Para o caso da força, o significado de sua intensidade, aquele a que nós nos remetemos ao nele pensar, é tátil, e esse significado vem acompanhado de outros, de natureza vinculada, ou seja, a direção e o sentido, que podem ser representados externa e internamente por representações visuais e táteis. Exemplificando, eu empurro (significado tátil) para lá ou para cá (significado visual ou tátil); eu puxo (significado tátil) para lá ou para cá (significado visual ou tátil); sinto a dificuldade de segurar um pacote de 30 kg (significado tátil), pois a terra exerce força gravitacional nele na direção radial para baixo (significado visual ou tátil).

Linguagem 8: auditiva e visual independentes/significado de relacionabilidade sensorial secundária

Na sequência, apresento dois trechos que contêm a presente característica linguística.

Trecho 13

M-1: No início da ciência, lá com os gregos antigos, eles tinham teorias que explicavam os fenômenos de maneira bem simples.

M-1: A chuva era provocada pelos deuses da chuva, o fogo era provocado pelos deuses do fogo, e etc.

Trecho 14

M-1: Aristóteles é considerado o maior pensador e sistematizador da Grécia antiga.

M-1: Na época de Galileu e Newton, rebater as ideias de Aristóteles foi o que deu todo valor que Newton ganhou, porque ele rebateu um pensador que estava aí há 1.500 anos.

Os Trechos 13 e 14 apresentam, em linhas gerais, as seguintes informações: como os gregos explicavam os fenômenos (Trecho 14) e *status* de Aristóteles (Trecho 15). Embora haja a possibilidade de os alunos terem construído representações mentais sensoriais de tais significados, essas são secundárias em relação à compreensão deles. Do ponto de vista empírico, as informações foram veiculadas de forma auditiva e visual independentes (fala e projeção das informações). Pelos motivos destacados, essas informações foram acessíveis ao discente B.

Linguagem 9: fundamental auditiva/significado vinculado às representações não visuais

Observe a transcrição de dois trechos caracterizados por essa linguagem.

Trecho 15

M-4: Qual é a forma da Terra?

A-v: Redonda e achatada.

M-4: Gostaria de saber dos alunos A e B o que eles pensam sobre isto.

A: Ela é redonda, achatada e irregular.

SABERES DOCENTES PARA A INCLUSÃO DO ALUNO... **151**

M-4: Como vocês sabem, ela é redonda, o homem pelos satélites tirou uma foto e viu que ela era redonda.

M-4: Antigamente ninguém tinha ido à Lua e visto a terra de fora, então o que eles tinham, eles precisavam imaginar como era a forma da Terra, uns achavam que a terra era plana, outros achavam que ela estava sobre uma tartaruga gigante.

No Trecho 15, licenciando e alunos com e sem deficiência visual abordam o tema do formato da Terra. Inicialmente, é enfocado o modelo atual para o formato da terra (redonda, achatada e irregular), e posteriormente, modelos históricos (terra plana e apoiada sobre tartarugas). Note-se que os significados: redonda, achatada, irregular, plana não são dependentes exclusivamente da visão para serem comunicados e compreendidos. O referencial tátil é igualmente útil para a comunicação e representação desses significados.

Trecho 16

M-2: O prego de ponta grossa perfura mais fácil ou mais difícil do que o de ponta fina?

B: Mais difícil.

M-2: Isso, ou seja, a perfuração que acontece quando a área é grande...

B: É menor.

M-2: É pequena, ou menor do que a do outro, numa área grande eu vou ter uma perfuração pequena e para a ponta fina a perfuração vai ser maior.

O Trecho 16 apresenta uma discussão entre licenciando e aluno B acerca de pregos de ponta fina e grossa. O discente argumentou corretamente que pregos cuja área da ponta é maior são mais difíceis para a perfuração. Note que o significado discutido refere-se às dimensões da área de perfuração de pregos, significado esse vinculado às representações não visuais (tátil) e acessível ao aluno B.

Linguagem 10: auditiva e visual independentes/significado vinculado às representações não visuais

Na sequência, é apresentado um exemplo que contém essa linguagem.

Trecho 17

M-3: A primeira lei de Kepler é chamada lei das órbitas.

M-3: As órbitas descritas pelo movimento do planeta ao redor do Sol são elipses.

M-3: Todos sabem o que é uma elipse?

B: Circunferência achatada.

A: É parecida com um ovo.

O Trecho 17 descreve o licenciando lendo informações projetadas o que caracteriza a estrutura empírica auditiva e visual independentes. O licenciando veiculou a informação de que as órbitas dos planetas ao redor do Sol são elipses. Essa informação contém significado vinculado às representações não visuais (tátil) e é acessível ao aluno com deficiência visual. Destaca-se que em momentos anteriores das atividades do grupo de mecânica fora apresentado ao discente B um registro tátil de uma forma elíptica. Isso permitiu que ele construísse representações da referida forma geométrica.

Linguagem 11: fundamental auditiva/significado sem relação sensorial

Dois trechos contendo a presente linguagem são apresentado e analisado na sequência.

Trecho 18

M-4: Na física a gente tem vários conceitos como tempo, energia, muitas vezes a gente não sabe definir com palavras o que são esses conceitos, mas a gente sabe operar com eles.

M-4: O que é energia? É difícil descrever com palavras o que é energia.

No Trecho 18 o licenciando abordou os temas tempo e energia. Essas grandezas físicas são abstratas e seus significados não possuem vínculo ou associação com representações sensoriais. Em outras palavras, o que é, do ponto de vista sensorial, pensar em tempo ou energia? Para o caso dos significados relacionados à energia, Gaspar (2000b) argumenta que:

SABERES DOCENTES PARA A INCLUSÃO DO ALUNO... **153**

os físicos sabem muito sobre energia, conhecem inúmeras formas de energia e expressões matemáticas para calcular o seu valor. Sabem que é algo indestrutível na natureza, cujo valor total num determinado fenômeno, é sempre o mesmo. Mas não sabem o que é energia.

Os significados de tempo e energia são, portanto, sensorialmente não relacionáveis e perfeitamente acessíveis a alunos com deficiência visual.

Trecho 19

M-3: Imaginem dois caminhões, eles possuem a mesma velocidade, se eu pisar no freio qual pararia mais fácil?

A-v: O vazio.

M-3: O vazio, então a gente pode dizer que a quantidade de movimento tem a ver com a massa?

A-vs: Tem.

No Trecho 19, um dos licenciandos abordou a relação entre quantidade de movimento linear e massa. O significado que compõe a relação quantidade de movimento linear/massa não possui representações sensoriais pelos seguintes motivos: massa é uma característica intrínseca dos corpos, refere-se à medida da inércia, isto é, "resistência" oferecida por um determinado corpo à variação de seu estado de movimento. A massa, por representar uma característica da matéria, assim como a carga elétrica, possui significado que, para ser compreendido, não pode ser relacionado a referenciais sensoriais. Massa é um conceito abstrato. Não é algo empiricamente observável. O que observamos, na verdade, são as interações provenientes de corpos que possuem massa.

Linguagem 12: tátil-auditiva interdependente/significado vinculado às representações não visuais

Em relação à presente linguagem, o recurso instrucional empregado para apoiar o processo comunicativo possuía registros táteis percebidos por B e descritos oralmente pelos licenciandos. Veja-se na sequência um exemplo dessa linguagem. Nele, há a participação do discente A.

Trecho 20

M-3: Essa daqui é a bala do meu canhão, eu peguei um fósforo e queimei a cordinha que tinha aqui, ai rebentou assim e ele veio forte e foi para cá, para esse lado aqui, e o canhão, para que lado foi?

B: Para traz?

M-3: Isso, recuo, daí conservou o movimento.

M-3: Tem dois pregos aqui, tem esse no meio e no lado oposto tem dois presos na ponta.

A: É daqui que puxa?

M-3: Ai você estica o elástico bem perto do prego e você amarra com uma linha, e aqui você coloca a bala, ai queima o fio com fogo e o elástico joga longe a bala.

O Trecho 20 apresenta um dos licenciandos explicando aos alunos com deficiência visual as características de um equipamento de interface tátil-visual-auditiva (Figura 15). Esse equipamento foi utilizado para a explicação da conservação da quantidade de movimento linear.

O equipamento é formado por uma superfície de madeira, dois pregos fixos em duas das extremidades da superfície e um terceiro prego fixo no centro do lado oposto ao que os dois outros pregos foram presos. Possui também um elástico preso nos pregos das extremidades, um barbante que estica e prende o elástico ao terceiro prego, uma esfera de vidro, e alguns lápis que servem de apoio ao equipamento. Funciona da seguinte maneira: monta-se a estrutura descrita, coloca-se a esfera de vidro junto ao elástico esticado e com um palito de fósforo aceso rompe-se o barbante. A esfera então é lançada para frente e a estrutura de madeira move-se para traz.

Esse equipamento fornece referenciais de observação tátil (momento em que os alunos com deficiência visual e videntes podem tocar o equipamento), auditivo (momento em que os alunos com deficiência visual e videntes podem ouvir o som proveniente do choque da esfera com o solo e o arrastamento da superfície sobre os lápis), e visual (momento em que os alunos videntes podem observar o movimento da esfera e da superfície de madeira).

A linguagem aqui analisada refere-se ao reconhecimento do equipamento. O licenciando, com esse objetivo, conduziu as mãos dos alunos com deficiência visual sobre as componentes do material, e eles puderam reconhecê-lo facilmente. Gostaria de destacar que o experimento inerente à conservação da quantidade de movimento foi tão significativo ao aluno B, que ele construiu, em sua casa, um equipamento semelhante (Figura 16).

Figura 15 – Equipamento experimental sobre conservação da quantidade de movimento linear (fonte: <www.fc.unesp.br/~lavarda>).

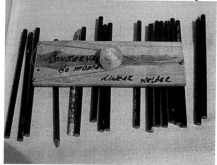

Figura 16 – Equipamento semelhante construído pelo aluno B.

Linguagem 13: fundamental auditiva/significado de relacionabilidade sensorial secundária

Um exemplo é apresentado na sequência.

Trecho 21

M-4: A unidade de trabalho no sistema internacional seria chamada de Joule.

M-4: Essa unidade nada mais é que a composição de duas outras no sistema internacional, Newton e metros.

O Trecho 21 apresenta um dos licenciandos abordando a unidade de trabalho no sistema internacional, o Joule, e as unidades que a constitui, o Newton e o metro. Tal abordagem deu-se por meio de linguagem de estrutura empírica fundamental auditiva, e o significado veiculado, ou seja, a informação acerca da unidade de trabalho, possui relacionabilidade secundária com representações sensoriais. Gostaria de enfatizar que o significado em questão não é o de trabalho, e sim o da informação de sua unidade. O entendimento de trabalho, bem como das grandezas a ele relacionadas, teria outro aspecto sensorial. Por exemplo, o significado de trabalho, que é intimamente relacionado ao de energia, não possui representação sensorial.

Linguagem 14: auditiva e visual independentes/significado indissociável de representações não visuais

Na sequência, abordo um exemplo.

Trecho 22

M-2: Newton em relação ao conceito de força relacionado ao de contato cria um conceito mais abrangente, por exemplo, o conceito de força gravitacional entre os planetas.

M-2: Eles estão em contato? Não, no entanto existe uma força de atração entre eles.

M-2: No caso da força elétrica, as cargas estão em contato?

M-2: Não, mas existe uma força entre elas.

O Trecho 22 aborda o significado de força a distância. As informações eram projetadas e lidas ao mesmo tempo. Argumentou o licenciando que Newton apresentara a ideia de que os corpos interagem mesmo não estando em contato. Reforçou seu argumento utilizando-se do exemplo da força elétrica que ocorre entre corpos separados no espaço e carregados com carga elétrica. O acesso e a compreensão do significado de força a distância são indissociáveis de representação não visual (tátil), na medida em que é o tato o responsável pela observação de fenômenos ligados à interação entre corpos.

Linguagem 15: tátil-auditiva interdependente/significado indissociável de representações não visuais

Um exemplo é apresentado na sequência.

Trecho 23

M-1: Ele pegou a latinha, esquentou essa latinha que você está segurando, ai ele colocou essa lata quente para caramba, num recipiente com água, por essa boca aqui, por onde sai refrigerante, e a latinha ficou toda amassada.

B: Antes de colocar na água?

M-1: Depois que ele colocou na água.

B: Antes estava inteira?

M-1: Estava inteira, ele esquentou a latinha e colocou na água.

B: De ponta cabeça?

M-1: De ponta cabeça, ele fez ela afundar e ela ficou toda amassada.

O Trecho 23 descreve um dos licenciandos argumentando com o aluno B acerca do amassamento de uma lata de refrigerante aquecida e colocada de boca para baixo num recipiente com água. Para explicar o que havia ocorrido com a lata, o licenciando utilizou-se de linguagem de estrutura empírica tátil-auditiva interdependente, estrutura essa que possibilitou ao discente observar a deformação sofrida pela lata. O significado veiculado é indissociável de representações não visuais (tátil), pois trata-se do aquecimento e resfriamento da lata antes e após ter sido colocada na água.

Linguagem 16: auditiva e visual independentes/significado sem relação sensorial

Apresento um exemplo na sequência.

Trecho 24

M-3: Entorno da Terra tem uma região denominada campo gravitacional.

M-3: Dentro desse campo os corpos são atraídos para a Terra com velocidade variável em virtude de ter adquirido aceleração.

O Trecho 24 relata um dos licenciandos lendo informações projetadas. O significado veiculado foi o de campo gravitacional. Do ponto de vista semântico-sensorial, esse significado não se fundamenta em referenciais sensoriais. Em outras palavras, campo gravitacional não pode ser visto, ouvido, tocado etc. O que é observado são seus efeitos sobre os corpos inseridos em seu interior.

O Quadro 24 explicita sinteticamente as linguagens geradoras de viabilidades comunicacionais, a característica peculiar da linguagem, suas porcentagens, bem como o recurso instrucional mais frequente em cada uma delas.

Quadro 24 – Síntese e características das linguagens geradoras de viabilidades comunicacionais (grupo de mecânica)

Linguagem	Porcentagem aproximada	Característica peculiar	Recurso instrucional mais empregado
Linguagem 7	29%	Descrição oral de significados não visuais	Não utilizado
Linguagem 8	22%	Falar simultaneamente frases projetadas	Data show, retroprojetor
Linguagem 9	14%	Recorrência à "imagens não visuais mentais"	Não utilizado
Linguagem 10	14%	Descrever oralmente registros projetados	Data show, retroprojetor
Linguagem 11	6%	Abordagem oral de significados sem relação sensorial	Não utilizado
Linguagem 12	4%	Condução das mãos do aluno	Materiais táteis
Linguagem 13	4%	Abordagem oral de significados de relação sensorial secundária	Não utilizado
Linguagem 14	3%	Descrição oral e visual simultâneas	Data show, retroprojetor
Linguagem 15	2%	Condução das mãos do aluno	Materiais táteis
Linguagem 16	2%	Abordagem oral e visual simultâneas	Data show, retroprojetor
Total de viabilidades (vertical)	122	X	X

Relação entre linguagem e contexto comunicacional

A quantidade de dificuldades comunicacionais foi de 102 e a de viabilidades, de 122. Em torno de 93% do conjunto de dificuldade/viabilidade ocorreram em episódios comuns a todos os alunos e 7%, em episódios particulares. Combinando os momentos e os padrões discursivos, obtive cinco contextos comunicacionais, a saber: episódio não interativo/de autoridade; episódio interativo/de autoridade; episódio interativo/dialógico; episódio particular interativo/de autoridade; e episódio particular interativo/dialógico.

Da ocorrência de episódios comuns a todos os alunos, aproximadamente 80% caracterizaram-se por relações discursivas não interativas/de autoridade; 15%. por relações discursivas interativas/de autoridade; e 5%, por relações discursivas interativas/dialógicas. Já aproximadamente 53% das ocorrências de episódios particulares caracterizaram-se por relações discursivas interativas/de autoridade e 47%, por relações discursivas interativas/dialógicas.

Os números apresentados contribuem para o entendimento da organização das atividades em relação à presença do aluno com deficiência visual, que se deu, na grande maioria das vezes, em atividades comuns a todos os discentes, e em raros momentos em atividades particulares. Indicam ainda o perfil discursivo das atividades, fundamentado, majoritariamente, em argumentações retórica e socrática, e de forma discreta, em argumentações dialógicas. Na sequência, explicito, respectivamente, as relações: contexto comunicacional/linguagem geradora de dificuldade e contexto comunicacional/linguagem geradora de viabilidade.

Contexto comunicacional/linguagem geradora de dificuldades

Observe-se o Quadro 25, que explicita a relação entre contexto comunicacional e linguagem geradora de dificuldade.

160 EDER PIRES DE CAMARGO

Quadro 25 – Relaciona as variáveis: contexto comunicacional e linguagens inacessíveis (grupo de mecânica)

Contexto comunicacional (direita) Linguagem (abaixo)	Episódio não interativo/de autoridade	Episódio interativo/de autoridade	Episódio interativo/ dialógico	Episódio particular interativo/ dialógico	Quantidade horizontal
Audiovisual interdependente/significado vinculado às representações visuais.	71	8	0	0	79
Auditiva e visual independentes/significado vinculado às representações visuais	11	3	0	0	14
Fundamental auditiva/ significado vinculado às representações visuais	4	0	0	1	5
Auditiva e visual independentes/ significado indissociável de representações visuais	2	0	0	0	2
Fundamental auditiva/ significado indissociável de representações visuais	0	0	1	0	1
Auditiva e visual independentes/ significado sem relação sensorial	1	0	0	0	1
Quantidade vertical	89	11	1	1	102

A análise do Quadro 25 indica que perfil linguístico gerador de dificuldade mostrou-se mais comum em determinado contexto comunicacional. Vamos a ela.

Episódio não interativo/de autoridade

Nesse contexto, em torno de 80% das dificuldades estiveram relacionadas ao emprego de linguagem audiovisual interdependente/significado vinculado às representações visuais; 12%. ao emprego de linguagem auditiva e visual independentes/significado vinculado às representações visuais; 5%. ao emprego de linguagem fundamental auditiva/significado vinculado às representações visuais; 2%, ao emprego de linguagem auditiva e visual independentes/significado indissociável de representações visuais; e 1%. ao emprego de linguagem auditiva e visual independentes/significado sem relação sensorial.

As dificuldades identificadas estiveram relacionadas a duas características predominantes: (a) utilização de linguagem de estrutura empírica audiovisual interdependente (80%); e (b) abordagem de significados vinculados às representações visuais (aproximadamente 96%).

Episódio interativo/de autoridade

Aqui, aproximadamente 73% das dificuldades estiveram relacionadas ao emprego de linguagem audiovisual interdependente/significado vinculado às representações visuais; e 27%, ao emprego de linguagem auditiva e visual independentes/significado vinculado às representações visuais.

As dificuldades identificadas estiveram relacionadas a duas características predominantes: (a) utilização de linguagem de acesso visualmente dependente (audiovisual interdependente: 73%); e (b) abordagem de significados vinculados às representações visuais (100%).

Episódio interativo/dialógico

Nesse contexto, 100% das dificuldades estiveram relacionadas ao emprego de linguagem fundamental auditiva/significado indissociável de representações visuais. Isso implica dizer que a dificuldade analisada está fortemente relacionada à estrutura semântico-sensorial da linguagem.

Episódio particular interativo/dialógico

Aqui, 100% das dificuldades estiveram relacionadas ao emprego de linguagem fundamental auditiva/significado vinculado às representações visuais. Isso implica dizer que a dificuldade ocorreu em razão da não desvinculação visual do significado veiculado.

Sintetizando, verifiquei a ocorrência de uma dificuldade durante os episódios particulares. A grande maioria de dificuldades esteve relacionada aos contextos comunicacionais comuns a todos os alunos. Nesses contextos, o emprego de linguagem visualmente inacessível mostrou-se prática majoritária. O emprego de linguagens visualmente acessíveis representou minoria das dificuldades comunicacionais. Do ponto de vista semântico-sensorial, as dificuldades relacionaram-se quase que totalmente aos significados vinculados às representações visuais. De forma discreta, verifiquei a relação entre dificuldade comunicacional e significados indissociável de representações visuais e sem relação sensorial.

Contexto comunicacional/linguagem geradora de viabilidades

O Quadro 26 explicita a relação entre contexto comunicacional e linguagem geradora de viabilidade comunicacional.

Quadro 26 – Relaciona as variáveis: contexto comunicacional e linguagens acessíveis (grupo de mecânica)

Contexto comunicacional (direita) Linguagem (abaixo)	Episódio não interativo/de autoridade	Episódio interativo/de autoridade	Episódio interativo/dialógico	Episódio particular interativo/de autoridade	Episódio particular interativo/dialógico	Quantidade horizontal
Fundamental auditiva/ significado indissociável de representações não visuais	18	10	0	2	5	35
Auditiva e visual independentes/ significado de relacionabilidade sensorial secundária	27	0	0	0	0	27
Fundamental auditiva/ significado vinculado às representações não visuais	10	4	2	0	1	17
Auditiva e visual independentes/ significado vinculado às representações não visuais	12	5	0	0	0	17
Fundamental auditiva/ significado sem relação sensorial	3	0	5	0	0	8

continua

164 EDER PIRES DE CAMARGO

Contexto comunicacional (direita) Linguagem (abaixo)	Episódio não interativo/de autoridade	Episódio interativo/de autoridade	Episódio interativo/dialógico	Episódio particular interativo/de autoridade	Episódio particular interativo/dialógico	Quantidade horizontal
Tátil-auditiva interdependente/ significado vinculado às representações não visuais	0	0	1	4	0	5
Fundamental auditiva/ significado de relacionabilidade sensorial secundária	5	0	0	0	0	5
Auditiva e visual independentes/ significado indissociável de representações não visuais	2	2	0	0	0	4
Tátil-auditiva interdependente/ significado indissociável de representações não visuais	0	0	0	2	0	2
Auditiva e visual independentes/ significado sem relação sensorial	2	0	0	0	0	2
Quantidade vertical	79	21	8	8	6	122

Analiso agora o Quadro 26.

SABERES DOCENTES PARA A INCLUSÃO DO ALUNO... 165

Episódio não interativo/de autoridade

Nesse contexto, 34% das viabilidades estiveram relacionadas ao emprego de linguagem auditiva e visual independentes/significado de relação sensorial secundária; 23%, ao emprego de linguagem fundamental auditiva/significado indissociável de representações não visuais; 15%, ao emprego de linguagem auditiva e visual independentes/significado vinculado às representações não visuais; 13%, ao emprego de linguagem fundamental auditiva/significado vinculado às representações não visuais; 6%, ao emprego de linguagem fundamental auditiva/significado de relação sensorial secundária; 4%, ao emprego de linguagem fundamental auditiva/significado sem relação sensorial; e 3%, respectivamente, ao emprego de linguagem auditiva e visual independentes/significado sem relação sensorial e auditiva e visual independentes/significado indissociável de representações não visuais.

São duas as características gerais das viabilidades identificadas: (a) utilização de linguagens de estruturas empíricas auditiva e visual independentes (54%) e fundamental auditiva (46%); e (b) abordagem de significados de relacionabilidade sensorial secundária (40%), vinculados às representações não visuais (28%) e indissociáveis de representações não visuais (25%).

Episódio interativo/de autoridade

Nesse contexto, aproximadamente 48% das viabilidades estiveram relacionadas ao emprego de linguagem fundamental auditiva/significado indissociável de representações não visuais; 24%, ao emprego de linguagem auditiva e visual independentes/significado vinculado às representações não visuais; 19%, ao emprego de linguagem fundamental auditiva/significado vinculado às representações não visuais; e 9%, ao emprego de linguagem auditiva e visual independentes/significado indissociável de representações não visuais.

Do ponto de vista semântico-sensorial, prevaleceu, de forma discreta, a veiculação de significados indissociáveis de representações não visuais (57%) sobre os vinculados às representações não visuais (43%).

Episódio interativo/dialógico

Sessenta e três por cento aproximadamente das viabilidades do presente contexto estiveram relacionadas ao emprego de linguagem fundamental auditiva/significado sem relação sensorial; 25%, ao emprego de linguagem fundamental auditiva/significado vinculado às representações não visuais; e 12%, ao emprego de linguagem tátil--auditiva interdependente/significado vinculado às representações não visuais.

Em termos estruturais, as viabilidades estiveram relacionadas a duas características predominantes: (a) emprego de linguagem de estrutura empírica fundamental auditiva (87%); e (b) veiculação de significados sem relação sensorial (63%).

Episódio particular interativo/de autoridade

Nesse contexto, 50% das viabilidades estiveram relacionadas ao emprego de linguagem tátil-auditiva interdependente/significado vinculado às representações não visuais; 25%, ao emprego de linguagem tátil-auditiva interdependente/significado indissociável de representações não visuais; e outros 25%, ao emprego de linguagem fundamental auditiva/significado indissociável de representações não visuais.

Essas viabilidades estiveram relacionadas a duas características predominantes: (a) emprego de linguagem de estrutura empírica tátil-auditiva interdependente (75%); e (b) veiculação de significados vinculados e indissociáveis de representações não visuais (50% cada).

Episódio particular interativo/dialógico

Nesse contexto, em torno de 67% das viabilidades estiveram relacionadas ao emprego de linguagem fundamental auditiva/significado indissociável de representações não visuais; e 33%, ao emprego de linguagem fundamental auditiva/significado vinculado às representações não visuais.

Em termos estruturais, as viabilidades estiveram relacionadas a duas características predominantes: (a) emprego totalitário de linguagem de estrutura empírica fundamental auditiva; e (b) veiculação de significados indissociáveis de representações não visuais (67%). A veiculação

SABERES DOCENTES PARA A INCLUSÃO DO ALUNO... 167

de significados vinculados às representações não visuais ocorreu de forma minoritária no contexto comunicacional aqui analisado (33%).

No Quadro 27 explicito a relação entre os contextos comunicacionais e o número de dificuldades e viabilidades ocorridas nesses contextos.

Quadro 27 – Relação entre contexto comunicacional e dificuldades/ viabilidades de comunicação (grupo de mecânica)

Contexto comunicacional	Dificuldade	Viabilidade
Episódio não interativo/de autoridade	89	79
Episódio interativo/de autoridade	11	21
Episódio interativo/dialógico	1	8
Episódio particular interativo/dialógico	1	6
Episódio particular interativo/de autoridade	0	8

As análises efetuadas indicam nove características marcantes das dificuldades e dez das viabilidades comunicacionais do grupo de mecânica. São elas:

Características das dificuldades

a) Ocorrência majoritária de dificuldades em episódios não interativos/de autoridade.

b) Ocorrência majoritária de dificuldades relacionadas ao emprego de linguagem de estrutura empírica audiovisual interdependente.

c) Ocorrência majoritária relacionada à veiculação de significados vinculados às representações visuais.

d) Estreita relação entre estrutura empírica audiovisual interdependente e significados vinculados às representações visuais.

e) Estreita relação entre episódio não interativo/de autoridade e linguagem áudio-visual interdependente/significado vinculado às representações visuais.

f) Decrescimento de dificuldades na medida em que os episódios tornaram-se interativos e/ou dialógicos.

g) Decrescimento de dificuldades na medida em que foram empregadas linguagens de estrutura empírica auditiva e visual independentes e fundamental auditiva (linguagens visualmente acessíveis).

168 EDER PIRES DE CAMARGO

h) Ocorrência minoritária de dificuldades relacionadas à veiculação dos significados indissociáveis de representações visuais e sem relação sensorial.

i) Ocorrência minoritária de dificuldades em episódios particulares interativos/dialógicos.

Características das viabilidades

a) Predominância do emprego de linguagens de estruturas empíricas fundamental auditiva e auditiva e visual independentes.

b) Predominância da veiculação de significados vinculados e indissociáveis de representações não visuais e de relacionabilidade sensorial secundária.

c) Emprego minoritário de linguagens de estrutura empírica tátil--auditiva interdependente.

d) Veiculação minoritária dos significados sem relação sensorial.

e) Predominância da ocorrência de viabilidades nos episódios não interativos/de autoridade.

f) Ocorrência minoritária de episódios interativos, dialógicos e particulares.

g) Relação destacável entre episódio não interativo/de autoridade e veiculação de significados de relacionabilidade sensorial secundária.

h) Significados sem relação sensorial foram veiculados de forma minoritária em episódio não interativo/de autoridade e majoritária em episódio interativo/dialógico.

i) Linguagens de estrutura empírica tátil-auditiva interdependente foram utilizadas majoritariamente em episódio particular interativo/ de autoridade.

j) Não se verificou a relação: viabilidade de comunicação/linguagem de estrutura empírica audiovisual interdependente.

Encerro aqui a análise de dificuldades e viabilidades de comunicação. Na sequência, apresento as análises das dificuldades e viabilidades de operação matemática.

Dificuldade operação matemática

Os cálculos não realizados por B foram os seguintes: demonstração gráfica do significado de velocidade instantânea; demonstração das equações de movimento; raio da terra dividido pela distância terra-sol; demonstração matemática da segunda lei de Newton; demonstração da velocidade limite no problema da força de resistência do ar; produto escalar (definição de trabalho); demonstração do teorema trabalho energia cinética; cálculo da expressão da energia potencial elástica; operação com números representados na forma de potência; demonstração da equação da elipse e suas propriedades (leis de Kepler).

Viabilidade operação matemática

Identifiquei esse perfil em quatro ocasiões. As atividades em que B efetuou com sucesso os cálculos foram realizadas em episódios particulares interativos e com o emprego de linguagem de estrutura empírica fundamental auditiva.

Os cálculos foram os seguintes: obtenção da velocidade média, do produto massa x velocidade (quantidade de movimento), da pressão (força dividido por área) e do volume de um cubo.

Esses cálculos foram realizados mentalmente por B. Tratava-se, por não envolverem muitas variáveis, de cálculos simples, por isso, o discente com deficiência visual não teve dificuldade de efetuá-los mentalmente. Provavelmente, cálculos mais complexos implicariam dificuldades como as discutidas no Capítulo 4.

Passo agora para a análise de classes que representaram dificuldade ou viabilidade para a inclusão de B.

Classes que representam dificuldade ou viabilidade à inclusão do aluno com deficiência visual

Dificuldade segregação

Identifiquei esse perfil de dificuldade em cinco ocasiões. Diz respeito à criação, no interior da sala de aula, de ambientes segregativos de ensino. É o que descrevi anteriormente por modelo 40 + 1, modelo esse inadequado para uma prática inclusiva de física.

Dificuldade operação de software

Identifiquei essa dificuldade em uma ocasião. Refere-se à utilização de software para a resolução de problemas e equações físicas. Para o caso aqui analisado, o software empregado foi o "modelo" e o problema físico enfocado foi o da resistência do ar durante a queda de um objeto. Esse software resolve equações. Para tanto, deve-se escrever a equação no local determinado e inserir valores e unidades para as constantes. O programa opera os dados fornecidos e apresenta um gráfico que descreve a relação entre as variáveis envolvidas.

O contexto em que o software foi empregado foi o seguinte: o computador em que o programa estava instalado encontrava-se conectado a um data show que projetava informações em uma tela. O licenciando digitou a equação e atribuiu valores às constantes. Um gráfico referente à resolução da equação foi projetado e o licenciando fez algumas considerações acerca dele. Isso ocorreu num episódio não interativo e com o emprego de linguagem de estrutura empírica audiovisual interdependente. Todos os fatores mencionados impediram que B tivesse acesso às informações apresentadas pelo software. Esse, por sua vez, não possuía interface auditiva e sua operação dependia da observação visual dos elementos de interação.

Viabilidade apresentação de modelos

Identifiquei tal perfil em duas ocasiões. Ocorreu em episódios particulares interativos e com o emprego de linguagens de estruturas empíricas tátil-auditiva interdependente e fundamental auditiva. Nesses ambientes, o aluno com deficiência visual e os licenciandos alternaram-se como interlocutores. Os modelos, relacionados ao significado de pressão, foram os seguintes:

a) Modelo para perfuração: B apresentou um modelo para explicar a maior perfuração do prego de ponta fina em relação ao de ponta grossa. Segundo seu modelo, a perfuração do prego de ponta fina é semelhante ao movimento de queda da folha de papel amassada, e a perfuração do prego de ponta grossa ao da folha de papel aberta. Isso explica a maior facilidade do prego de ponta fina em perfurar a madeira.

b) Modelo de força x perfuração: B apresentou um modelo que relaciona a intensidade da força aplicada ao prego com a distância por ele perfurada. Segundo argumentou, quanto maior a força maior a perfuração do prego na madeira.

Viabilidade experimento

Identifiquei duas viabilidades de experimento. Elas estiveram ligadas à realização de experimentos participativo e demonstrativo, em episódios interativos e com o emprego de linguagens de estruturas empíricas tátil-auditiva interdependente e auditiva e visual independentes. Os experimentos realizados foram os seguintes:

Experimento 1: teve por objetivo analisar o movimento de queda. Para sua realização, foi utilizado um dicionário e folhas de papel (ora abertas, ora amassadas). Num primeiro momento, o licenciando deixou cair, simultaneamente, dicionário e folha de papel aberta. Posteriormente, deixou cair folha aberta e amassada, e dicionário e folha de papel amassada. Em todos esses momentos, o licenciando descreveu oralmente o que havia ocorrido. Vale destacar que B realizou observações auditivas das quedas dos objetos. Tanto as observações auditivas quanto as descrições orais forneceram as condições para a participação efetiva do discente cego em debate realizado sobre o Experimento 1.

Experimento 2: teve por objetivo analisar a conservação da quantidade de movimento de um sistema isolado de corpos. Para tanto, foi utilizado o equipamento já descrito anteriormente (Figura 15).

O aluno B reconheceu pelo tato o equipamento experimental, realizou e observou o experimento por meio do tato e audição. Tais procedimentos foram adequados à participação efetiva do discente na atividade experimental. Ele se interessou tanto pelo experimento, que construiu um equipamento semelhante em sua casa (Figura 16).

Viabilidade apresentação de hipótese

Verifiquei esta viabilidade em uma ocasião. Sua ocorrência esteve relacionada a episódio particular interativo e ao emprego de linguagem de estrutura empírica fundamental auditiva.

A hipótese foi a seguinte: B explicou o amassamento de uma lata de refrigerante. A lata em questão, após ter sido aquecida, foi introduzida no interior de um recipiente com água. Hipótese do discente: "o ar de dentro dela não deixou entrar água e a pressão da água a amassou".

Como conclusões, apresento os Quadros 28 e 29, que explicitam, respectivamente, as classes das dificuldades e viabilidades, bem como suas características intrínsecas marcantes.

Quadro 28 – Classes e características intrínsecas das dificuldades de inclusão (grupo de mecânica)

Classe/dificuldade/inclusão	Estrutura empírica predominante	Estrutura semântico-sensorial predominante	Contexto predominante
Comunicação	Audiovisual interdependente	Significados vinculados às representações visuais	Episódios não interativos
Operação matemática	Audiovisual interdependente	Significados vinculados às representações visuais	Episódios não interativos
Segregativa	Audiovisual interdependente	Significados vinculados às representações visuais	Episódios não interativos
Operação de software	Audiovisual interdependente	Significados vinculados às representações visuais	Episódios não interativos

Quadro 29 – Classes e características intrínsecas das viabilidades de inclusão (grupo de mecânica)

Natureza/ viabilidade/ inclusão	Estrutura empírica predominante	Estrutura semântico-sensorial predominante	Contexto metodológico predominante
Comunicação	Fundamental auditiva e auditiva e visual independentes	Significados vinculados e indissociáveis de representações não visuais; significados de relacionabilidade sensorial secundária	Episódios particulares interativos
Operação matemática	Fundamental auditiva	Significados vinculados às representações não visuais	Episódios particulares interativos
Apresentação de modelos	Tátil-auditiva interdependente e Fundamental auditiva	Significado vinculado às representações não visuais	Episódios particulares interativos
Experimento	Tátil-auditiva interdependente e Auditiva e visual independentes	Significados vinculados às representações não visuais	Episódios interativos
Apresentação de hipóteses	Fundamental auditiva	Significado indissociável de representações não visuais	Episódios particulares interativos

7
PANORAMA DAS DIFICULDADES E VIABILIDADES PARA A INCLUSÃO DO ALUNO COM DEFICIÊNCIA VISUAL EM AULAS DE TERMOLOGIA

Para o grupo de termologia, identifiquei quatro classes de dificuldades e quatro de viabilidades de inclusão: (a) dificuldades: comunicação, segregação, operação matemática e experimento; (b) viabilidades: comunicação, hipótese, experimento e modelos (ver Quadro 30).

Quadro 30 – Panorama de dificuldades e viabilidades de inclusão (grupo de termologia)

Classe/dificuldade/inclusão	Ocorrência	Classe/viabilidade/inclusão	Ocorrência
Comunicação	Sim	Comunicação	Sim
Segregação	Sim	Segregação	Não
Operação matemática	Sim	Operação matemática	Não
Experimento	Sim	Experimento	Sim
Apresentação de hipótese	Não	Apresentação de hipótese	Sim
Apresentação de modelos	Não	Apresentação de modelos	Sim

O Quadro 30 mostra que as classes comunicação e experimento foram comuns às dificuldades e viabilidades. As classes segregação e operação matemática representaram somente dificuldade, enquanto as classes hipótese e modelo representaram apenas viabilidade. Na sequência, analiso as classes de dificuldades e viabilidades.

Classes que representam dificuldade e viabilidade à inclusão do aluno com deficiência visual

Dificuldade comunicação

Identifiquei 73 momentos em que ocorreram essas dificuldades. Agrupei as dificuldades em razão de oito linguagens que se organizaram em razão de três estruturas semântico-sensoriais e quatro empíricas.

As estruturas empíricas são as seguintes: audiovisual interdependente, fundamental auditiva, auditiva e visual independentes e tátil-auditiva interdependente.

As estruturas semântico-sensoriais são as seguintes:

a) Significados vinculados às representações visuais. Exemplo: transformação de escalas termométricas, características macroscópicas e microscópicas das substâncias, dilatação térmica, estruturas e relações matemáticas das grandezas termodinâmicas, gráficos etc.

b) Significados indissociáveis de representações visuais. Exemplo: luz e cores.

c) Significados de relacionabilidade sensorial secundária. Exemplo: nomes de escalas termométricas.

No Quadro 31 explicito as estruturas empírica e semântico-sensorial das linguagens geradoras de dificuldades comunicacionais.

Quadro 31 – Linguagens geradoras de dificuldade de comunicação (grupo de termologia): estruturas empírica e semântico-sensorial das linguagens

Empírica (direita) Semântico-sensorial (abaixo)	Audio-visual interde-pendente	Funda-mental auditiva	Auditiva e visual indepen-dentes	Tátil--auditiva interde-pendente	Total horizontal
Significado vinculado às representações visuais	59	5	2	0	66
Significado indissociável de representações visuais	1	3	1	1	6
Significado de relacio-nabilidade sensorial secundária	1	0	0	0	1
Total vertical	61	8	3	1	73

Tomando por base os dados do Quadro 31, apresento as oito linguagens implicadoras de dificuldade comunicacional para o aluno B.

Linguagem 1: audiovisual interdependente/significado vinculado às representações visuais

São exemplos dessa linguagem os trechos apresentados na sequência.

Trecho 1

> A-v: São Paulo não é ali?
> T3: Quem concorda que São Paulo é aqui ó?
> T-3: E o Everest, onde fica o Everest, aqui ou aqui?
> A-vs: Aí.
> T-3: É aqui ou aqui?
> A-vs: Neste de cima.

O Trecho 1 originou-se de uma discussão sobre diferentes valores de pressão atmosférica em relação à altitude. Como exemplo, um dos licenciandos desenhou na lousa dois pontos, um para representar a posição da cidade de São Paulo e outro para representar o Monte Everest. Por esse motivo, o ponto representante da cidade de São Paulo localizava-se abaixo do ponto representante do Monte Everest. Para veicular a informação das posições dos locais mencionados, licenciando e alunos videntes empregaram linguagem de estrutura empírica audiovisual interdependente. Observem-se os fragmentos: "quem concorda que São Paulo é aqui ó?" [...] "é aqui ou aqui?". Mediante tais colocações, B poderia questionar: "São Paulo fica em que local?"; "Aqui onde?". As respostas a esses questionamentos encontram-se na componente visual da linguagem que contém os significados vinculados às representações visuais.

Trecho 2

> T-4: Agora para a gente chegar na equação dos gases perfeitos, temos aqui pressão inversamente proporcional à altura e diretamente à massa molar.
> T-4: A densidade é diretamente proporcional a p, inversamente a t, e diretamente a n.

178 EDER PIRES DE CAMARGO

T-4: Densidade é massa pelo volume, vou passar esse cara para lá, subir esse cara, subir esse cara e subir esse cara.

T-4: Depois de tudo isto a gente chega que p vezes v é isso daqui.

O Trecho 2 exibe as seguintes dificuldades comunicacionais.

a) Relações de proporcionalidade entre grandezas físicas: "T-4: agora para a gente chegar à equação dos gases perfeitos, temos aqui pressão inversamente proporcional à altura e diretamente à massa molar". As relações de proporcionalidade inversa (entre pressão e altura) e proporcionalidade direta (entre pressão e massa molar), não são óbvias, além de possuírem uma estrutura representacional carregada de significados visuais, ou seja, ocupam a parte superior e inferior da estrutura matemática. O licenciando, ao apresentar tais relações, utilizou a lousa que continha os registros dessas. Nesse contexto, o aluno vidente ouvia as indicações orais, olhava para as estruturas visuais registradas e fazia suas interpretações. Vale relembrar que para alunos cegos usuários do Braille, como é o caso de B, a lógica matemática fundamentada nas posições superiores e inferiores da representação de proporcionalidade não é válida.

b) Significados das variáveis: "T-4: a densidade é diretamente proporcional a p, inversamente a t, e diretamente a n". Para o caso aqui exposto, valem todas as considerações indicadas no item (a) sobre proporcionalidade. Destaco, entretanto, os significados das variáveis p, t e n, não apresentados pelo licenciando. A problemática das relações de proporcionalidade, conjuntamente à não descrição das variáveis mencionadas, torna o fragmento destacado sem significado para alunos com deficiência visual.

c) Passagens matemáticas: "T-4: densidade é massa pelo volume, vou passar esse cara para lá, subir esse cara, subir esse cara e subir esse cara". Demonstração de equações como a descrita no fragmento requer conhecimentos de posição das variáveis, bem como observação visual da mudança de posição das mesmas. Tais posições e mudanças são fundamentadas em codificações visuais e somente fazem sentido se o receptor acessar os registros visuais desses códigos. Além disso, observe também a estrutura da equação da densidade (massa sobre volume), estrutura fundamentada na simbologia visual "algo sobre algo" já discutida em capítulos anteriores.

d) Desconhecimento do resultado de P vezes V: "T-4: depois de tudo isto a gente chega que p vezes v é isso daqui". O fragmento destacado enfatiza a função demonstrativa do código visual nas linguagens de estrutura empírica audiovisual interdependente. Retomando, tal estrutura define funções aos códigos auditivo e visual. O primeiro tem a função indicativa (esse, aquele, aqui etc.), e o segundo, a função demonstrativa (acessada somente pela visão). Note-se que o fragmento representa muito bem tais funções, pois a oralidade do licenciando indica o significado visualmente representado.

Linguagem 2: fundamental auditiva/significado vinculado às representações visuais

Observe o exemplo que segue.

Trecho 3

T-3: Eu tenho o alumínio, o coeficiente de dilatação dele é vinte e quatro vezes dez elevado a menos seis graus elevado a menos um.

T-3: O aço é onze vezes dez elevado a menos seis.

O Trecho 3 mostra um dos licenciandos apresentando de forma oral valores de coeficientes de dilatação. Esses foram descritos em notação científica, ou seja, um determinado número vezes dez, elevado a uma determinada potência seguida da unidade, que também obedece à mesma lógica (algo elevado a algo). Como expliquei anteriormente, esse tipo de notação fundamenta-se em significados vinculados às representações visuais, acessíveis somente por pessoas conhecedoras da lógica visual em questão.

Linguagem 3: fundamental auditiva/significado indissociável de representações visuais

Trago um exemplo dessa linguagem na sequência.

180   EDER PIRES DE CAMARGO

Trecho 4

T-2: Só que é estranho que quando você aquece uma coisa ela começa a emitir luz, porque será que ocorre isto?

No Trecho 4 há a descrição oral de um fenômeno relacionado ao aquecimento de materiais, ou seja, a relação entre a elevação da temperatura e a emissão de luz por parte do material. O significado do fenômeno luminoso para pessoas cegas de nascimento fundamenta-se nas interações sociais que elas estabelecem ao longo de sua vida. Não há para pessoas que nunca enxergaram a representação mental da ideia visual relacionada a fenômenos luminosos.

Linguagem 4: auditiva e visual independentes/significado vinculado às representações visuais

Na sequência, apresento exemplo desse perfil linguístico.

Trecho 5

T-4: Na cntp a constante r vale zero zero oitenta e dois atm vezes litro sobre mol vezes Kelvin. B.

O significado veiculado refere-se à constante universal dos gases perfeitos (r = 0,0082 atmosfera vezes litros sobre mol vezes kelvin). Novamente surge o problema comunicacional das anotações que seguem a regra "algo sobre algo", forma representacional vinculada às representações visuais. Além disso, o trecho apresenta outras dificuldades de comunicação: (a) o valor de r é apresentado de forma incompleta, ou seja, "zero zero oitenta e dois" e não 0,0082. A forma completa do número em questão encontrava-se na parte visual da linguagem acessível somente aos alunos videntes; e (b) o não esclarecimento dos significados de cntp (condições normais de temperatura e pressão) nem de atm (atmosfera). Tais siglas eram para o licenciando conhecidas dos alunos. Seria adequado um esclarecimento melhor dessas siglas para que os discentes com deficiência visual pudessem ao menos organizar os significados das unidades constituintes da constante descrita.

Linguagem 5: tátil-auditiva interdependente/significado indissociável de representações visuais

O trecho que segue exemplifica o emprego da presente linguagem.

Trecho 6

T-2: Tentem colocar na chama azul, aqui em baixo está vendo, aluno B, é assim a vela, em baixo é mais quente, a chama é azul, é que você não está enxergando, quando vai subindo mais a chama assim ó (faz o movimento do contorno da chama nas mãos de B) ela vai ficando mais amarelada, então a mais quente é a de baixo que é azul, é mais rápido o aquecimento.

O Trecho 6 relata um dos licenciandos tentando veicular para o aluno (B) o significado relacionado ao formato da chama e sua cor (regiões de temperaturas diferentes). Para tanto, utilizou-se de linguagem de estrutura empírica tátil-auditiva interdependente. Note-se que o licenciando pegou as mãos do aluno B, fez com ela o formato da chama, descreveu oralmente que a região interna da chama era mais azulada do que a região externa, cuja cor aproximava-se do amarelo. O significado considerado inacessível ao discente B foi o relacionado à percepção visual das cores. Como mencionei anteriormente, esse tipo de significado é inacessível às pessoas cegas de nascimento.

Linguagem 6: auditiva e visual independentes/significado indissociável de representações visuais

Verifiquei tal linguagem durante a realização de uma atividade experimental que objetivou demonstrar o fenômeno do calor por convecção. Na sequência, apresento um exemplo de tal linguagem.

Trecho 7

T-2: Ele (um dos licenciandos) trouxe um vidro com água e jogou dentro do vidro algumas gotas de leite.

T-2: Foi para o fundo o leite.

T-2: Vai ser colocado o vidro em cima da chama E ser aquecido com a vela.

T-2: Bem onde está a chama está subindo o leite na água.

T-2: É ele está indo para a superfície, ele está atravessando a água e indo para a superfície.

T-2: Agora está todo branco já, está todo misturado, o leite subiu na água.

Os equipamentos experimentais eram os seguintes: (a) recipiente com água; (b) gotas de leite colocadas no recipiente; (c) vela acesa para aquecer o recipiente. A lógica do experimento foi a seguinte. (1) Colocam-se as gotas de leite na água que dessem para o fundo; (2) começa-se a aquecer o recipiente; (3) o leite que se encontra no fundo do recipiente, adquire temperatura superior que a água acima localizada, e sobe; (4) isso cria uma corrente de convecção, e a água fica toda branca como resultado do espalhamento do leite que realiza o movimento ascendente e descendente. Note-se que todo esse processo foi descrito oralmente por um dos licenciandos. Paralelamente, o que era descrito podia ser observado visualmente pelos alunos videntes. O significado considerado inacessível ao aluno B foi aquele relacionado à ideia de que o conteúdo do recipiente adquire a cor branca do leite em razão do movimento gerado pela convecção. Esse significado, ou seja, o de cores, é indissociável de representações visuais, e, portanto, inacessível a alunos cegos de nascimento.

Linguagem 7: audiovisual interdependente/significado de relacionabilidade sensorial secundária

Na sequência, apresento um exemplo de tal linguagem.

Trecho 8

T-1: Eu vou passar uma transparência sobre escalas termométricas.

T-1: As principais escalas que a gente tem são essas daqui ó.

Indica informação projetada.

T-1: Alguma dúvida sobre essas três escalas? Existem outras, mas as mais conhecidas mundialmente são essas três.

O Trecho 8 veicula a informação inerente ao nome das três escalas termométricas mais comuns, ou seja, as escalas *Celsius, Kelvin e Fahrenheit*. Os nomes das escalas, que possuem significado de relacionabilidade sensorial secundária, estavam apresentados na parte visual da linguagem. Observem-se as funções indicativa e demonstrativa, respectivamente, das componentes auditiva e visual "são essas daqui ó" [...] "são essas três".

Linguagem 8: audiovisual interdependente/significado indissociável de representações visuais

O trecho que segue exemplifica esse perfil linguístico:

Trecho 9

T-2: Vocês vão aquecer o prego até começar a ficar assim ó (incandescente, a hora que começar vocês pegam e colocam ele nesse furinho. Indica o local.

No Trecho 9, tem-se a veiculação de significado indissociável de representações visuais (ideia de incandescente) por meio de linguagem de estrutura empírica audiovisual interdependente. O trecho em questão refere-se à explicação de como realizar uma atividade experimental relacionada à dilatação volumétrica de sólidos. Os materiais experimentais utilizados foram os seguintes: (a) placa metálica com orifício; (b) prego a ser aquecido e inserido no orifício antes e depois de seu aquecimento; (c) vela para aquecer o prego; e (d) pinça para segurar o prego. Para o aluno B, o Trecho 9 implicou uma dupla dificuldade, relacionada à estrutura empírica da linguagem e ao significado veiculado.

No Quadro 32 explicito sinteticamente as linguagens geradoras de dificuldades comunicacionais, a característica peculiar da linguagem (se houver), suas porcentagens, bem como o recurso instrucional mais frequente em cada uma delas.

184 EDER PIRES DE CAMARGO

Quadro 32 – linguagens geradoras de dificuldades de comunicação (grupo de termologia)

Linguagem	Porcentagem aproximada	Característica peculiar	Recurso instrucional mais empregado
Linguagem 1	81%	Indicação oral de registros visualmente vinculados e detalhados	Lousa, data show, retroprojetor
Linguagem 2	7%	Recorrência à representações de significados visualmente vinculados	Não utilizado
Linguagem 3	4%	Recorrência à "imagens visuais mentais"	Não utilizado
Linguagem 4	3%	Detalhamento oral insuficiente	Lousa
Linguagem 5	1%	Tato/som não veiculam significados visualmente indissociáveis	Recurso instrucional tátil-visual
Linguagem 6	1%	Som não veicula significados visualmente indissociáveis	Recipiente de vidro aquecido com água e leite
Linguagem 7	1%	Indicar oralmente registros de significados de relação sensorial secundária	Retroprojetor
Linguagem 8	1%	Indicação oral de registros visualmente indissociáveis	Recurso instrucional tátil-visual

Na sequência, passo a analisar as linguagens geradoras de viabilidade comunicacional.

Viabilidade comunicação

Identifiquei 368 momentos em que ocorreram essas viabilidades. Elas foram organizadas em razão de dez linguagens constituídas em termos de quatro estruturas semântico-sensoriais e três empíricas.

As estruturas empíricas são as seguintes: fundamental auditiva, auditiva e visual independentes e tátil-auditiva interdependente.

Estruturas semântico-sensoriais:

a) significados indissociáveis de representações não visuais. Exemplos: ideia de quente, frio, sensação térmica, calor, valores de temperatura em comparação com a temperatura do corpo humano; algumas ideias ligadas ao estado físico da matéria etc.

b) significados vinculados às representações não visuais. Exemplos: ideia de temperatura relacionada ao nível de agitação das moléculas, características macroscópicas e microscópicas das substâncias; ideia entre estado físico da matéria e comportamento de agitação das moléculas; ideia de calor como onda eletromagnética (referente à geometria da onda), dilatação térmica nos sólidos, líquidos e gases (ideia de variação de comprimento, superfície e volume dos corpos ou substâncias), formato de objetos e equipamentos experimentais, volume; ideia de agitação das moléculas de um gás, modelo de calor por condução (choque entre as moléculas), geometria dos gráficos de transformações termodinâmicas.

c) significados sem relação sensorial. Exemplos: ideia de calor como energia em trânsito entre corpos de diferentes temperatura, relação entre temperatura e energia interna etc.;

d) significados de relacionabilidade sensorial secundária. Exemplos: nomes das escalas termométricas; nomes dos processos de mudança de estados físicos; nome de instrumentos de medida; nome de equipamentos experimentais; nomes de cientistas, aspectos históricos etc.

No Quadro 33, explicito as estruturas empíricas e semântico-sensoriais das linguagens, suas relações e respectivas quantidades.

Quadro 33 – Linguagens relacionadas à viabilidade de comunicação. Grupo de termologia

Empírica (direita) Semântico-sensorial (abaixo)	Fundamental auditiva	Auditiva e visual independentes	Tátil-auditiva interdependente	Total horizontal/porcentagem
Significado indissociável de representações não visuais	162	34	12	208
Significado vinculado às representações não visuais	55	26	23	104
Significado de relacionabilidade sensorial secundária	20	13	0	33
Significado sem relação sensorial	17	6	0	23
Total vertical	254	79	35	368

Linguagem 9: fundamental auditiva/significado indissociável de representações não visuais

Observe o trecho que segue.

Trecho 10

T-3: Com base nos resultados é possível saber a temperatura exata de alguma coisa apenas com o tato? Não, porque vai depender da temperatura da mão.

Alunos haviam realizado experimento de colocar uma mão em água quente, outra em água fria e em seguida as duas em água à temperatura ambiente.

B: Esfriou sua mão quente e esquentou a mão fria.

A-v1: Às vezes sua mão pode estar gelada você põe na água fria e ela fica quentinha, mas a água fria não está quente!

B: É a mesma coisa que se você estiver dentro de uma piscina...

A-v1: É a mesma coisa, quando está muito frio que eu lavo louça na água fria.

A: Sua mão esquenta.

A-v1: E depois que para de lavar louça a mão fica quentinha.

B: Quando você está dentro de uma piscina também, se você está lá dentro está quentinho, mas quando você sai para fora fica frio mesmo com a água gelada.

T-3: Qual é o outro exemplo que vocês têm aí no dia a dia sobre sensação térmica?

A-v2: Cobertor.

T-3: porque cobertor?

A-v2: Quando você levanta está o maior frio.

A-v1: Eu sei que às vezes está sol à tarde, está o maior calor, eu deito, mas eu sinto frio, eu tenho que me cobrir.

A: Eu também tenho essa sensação, em casa é o maior sarro, todos já viram pegando um edredom indo para o sofá, e está o maior sol lá fora, mas aqui eu estou com frio.

Apresento na sequência as dez linguagens.

Linguagem 10: fundamental auditiva/significado vinculado às representações não visuais

Na sequência, apresento a transcrição de um trecho caracterizado por essa linguagem.

Trecho 11

T-2: A temperatura está relacionada com a agitação das moléculas.

T-2: Quanto maior a temperatura mais vibrando essas moléculas estão, quanto menor a temperatura mais de vagar elas estão.

Linguagem 11: auditiva e visual independentes/significado indissociável de representações não visuais

Na sequência, trago um exemplo, em que um dos licenciandos descreveu oralmente a realização de um experimento demonstrativo, realizado à frente da sala de aula, relacionado ao fenômeno do calor por contato. Foram utilizados os seguintes materiais experimentais: fio de cobre, vela, palito de fósforos. A parafina da vela foi derretida sobre o fio. Após ter secado, a chama da vela foi colocada em uma das pontas do fio e a parafina derretia no sentido da ponta, onde se localizava a chama para a ponta oposta.

Trecho 12

T-3: Ele (O licenciando coordenador da aula) está esquentando a ponta do fio, o calor vai transferindo por todo fio, então aonde ele vai passando ele vai derretendo a parafina, só está sendo esquentado só a pontinha dele.

Linguagem 12: auditiva e visual independentes/significado vinculado às representações não visuais

Observe o trecho que segue.

Trecho 13

T-1: Dentre os três estados físicos da matéria os sólidos são os que possuem menor nível de agitação de suas moléculas.

T-1: Líquidos possuem volume definido e forma variada.

T-1: As moléculas de um líquido possuem maior mobilidade que a dos sólidos devido à ligação mais fraca entre suas moléculas.

T-1: No vapor as moléculas não vão ter interação, só se elas passarem muito perto ao ponto de se colidirem.

T-1: No vapor e no gás as moléculas estão totalmente livres, no líquido elas vão ter certa ligação, mas vai poder ser mais maleável, as ligações não vão ser tão fortes quanto nos sólidos, porque nos sólidos elas são totalmente paradas.

Licenciando projeta e fala informações projetadas.

Relembrando, uma característica marcante da presente linguagem é a simultaneidade entre projeção e descrição oral de informações. Tais informações contêm os mesmos significados vinculados às representações não visuais.

Linguagem 13: tátil-auditiva interdependente/significado vinculado às representações não visuais

Um exemplo dessa linguagem é apresentado na sequência.

Trecho 14

T-4: Este eixo aqui é o eixo da pressão, e este eixo aqui é o eixo do volume, este é o gráfico do ciclo de Carnot.

B: Deixe-me por a mão?

T-4: Deixo sim, este é o eixo da pressão ó, está vendo? Chega aqui no zero e sobe aqui perto do zero ele vem para cá, aqui é volume, então é pressão variando com quem? Com volume, se eu mudar o volume varia a minha pressão (ver Figura 17).

Figura 17 – Registro tátil-visual do gráfico do ciclo de Carnot.

O que marca essa linguagem é a ação do licenciando conduzir a mão do aluno com deficiência visual sobre os registros táteis contidos em maquetes ou materiais táteis, como o gráfico em alto relevo do ciclo de Carnot. Enquanto conduz, descreve oralmente aquilo que se encontra registrado tatilmente.

Linguagem 14: fundamental auditiva/significado de relacionabilidade sensorial secundária

Dois exemplos são apresentados na sequência.

Trecho 15 – Exemplo 1

T-1: Essa parte de comportamento dos gases é bem interessante porque há um tempo atrás foi a parte que fundiu a física e a química, e a gente estuda ainda o comportamento dos gases tanto na física quanto na química.

Trecho 16 – Exemplo 2

T-1: Em qualquer ciência em geral você vai estar mexendo com aproximações, muitas coisas são bem precisas, mas na grande maioria não tem como você chegar numa precisão teórica.

Linguagem15: fundamental auditiva/significado sem relação sensorial

Um trecho contendo a presente linguagem é apresentado na sequência.

Trecho 17

T-2: Calor é uma forma de energia que pode estar sendo transmitida ou transformada em outra forma.

O significado em questão é o de calor como uma forma de energia. Tal significado não possui relações sensoriais, já que a ideia de energia é abstrata. Fiz uma análise sobre esse tema no Capítulo 6.

Linguagem 16: auditiva e visual independentes/significado de relacionabilidade sensorial secundária

As frases que seguem foram projetadas e lidas simultaneamente.

Trecho 18

T-1: O processo de mudança de sólido para líquido chama-se fusão.

T-1: O processo de transformação de líquido para vapor chama-se vaporização.

T-1: O processo de transformação de gás para líquido chama-se liquefação ou condensação.

T-1: O processo de transformação de líquido para sólido chama-se solidificação.

T-1: O processo de transformação de sólido para gás chama-se sublimação.

O significado focalizado refere-se aos nomes dos processos de mudanças de fase. Tais nomes não precisam necessariamente de representações sensoriais para ser compreendidos.

Linguagem 17: tátil-auditiva interdependente/significado indissociável de representações não visuais

Um exemplo é apresentado na sequência. Nele, os alunos com deficiência visual tocam em equipamentos experimentais, ou seja, uma garrafa com água aquecida, outra com água fria e uma terceira com água à temperatura ambiente.

Trecho 19

T-3: Alunos A e B, toquem aqui, temos aqui uma garrafa com água quente, outra com água fria e uma com água a temperatura ambiente.

Linguagem 18: auditiva e visual independentes/significado sem relação sensorial

Na sequência, um exemplo é apresentado. Nesse exemplo, um dos licenciandos leu o que se encontrava escrito na lousa.

Trecho 20

T-2: Calor é energia de transição entre corpos de temperaturas diferentes

No Quadro 34 explicito sinteticamente as linguagens geradoras de viabilidades comunicacionais, a característica peculiar da linguagem, suas porcentagens, bem como o recurso instrucional mais frequente em cada uma delas.

SABERES DOCENTES PARA A INCLUSÃO DO ALUNO... 191

Quadro 34 – Síntese e características das linguagens geradoras de viabilidades comunicacionais (grupo de termologia)

Linguagem	Porcentagem aproximada	Característica peculiar	Recurso instrucional mais empregado
Linguagem 9	44%	Descrição oral de significados não visuais	Não utilizado
Linguagem 10	15%	Recorrência à "imagens não visuais mentais"	Não utilizado
Linguagem 11	9%	Descrição oral e registro visual de significados não visuais	Lousa, retroprojetor, data show, equipamentos experimentais
Linguagem 12	7%	Indicar oralmente frases projetadas ou experimentos demonstrados	Data show, retroprojetor equipamentos experimentais
Linguagem 13	6%	Condução das mãos do aluno	Maquetes ou equipamentos experimentais
Linguagem 14	5%	Descrição oral de significados de relação sensorial secundária	Não utilizado
Linguagem 15	5%	Descrição oral de significados sem relação sensorial	Não utilizado
Linguagem 16	4%	Descrição oral e registro visual de significados de relação sensorial secundária	Lousa, data show, retroprojetor
Linguagem 8.17	3%	Condução das mãos dos alunos	Equipamentos experimentais
Linguagem 8.18	2%	Descrição oral e registro visual de significados sem relação sensorial	Lousa, data show, retroprojetor

Concluídas as análises das dificuldades e viabilidades comunicacionais, passo a relacioná-las aos contextos e padrões discursivos.

Relação entre linguagem e contexto comunicacional

Retomando, identifiquei 73 dificuldades comunicacionais (oito perfis linguísticos). E 368 viabilidades (dez perfis linguísticos), 95% do conjunto de dificuldade/viabilidade, ocorreram em episódios comuns a todos os alunos; e 5%, em episódios particulares. Da combinação entre contexto e padrão discursivo obtive cinco contextos comunicacionais, a saber: episódio interativo/de autoridade (40%); episódio não interativo/de autoridade (30%); episódio interativo/dialógico (25%); episódio particular interativo/de autoridade (3%); e episódio particular não interativo/de autoridade (2%). Quarenta e dois por cento da ocorrência de episódios comuns a todos os alunos caracterizaram-se por relações discursivas interativas/de autoridade; 31%, por relações discursivas não interativas/de autoridade; e 26%, por relações discursivas interativas/dialógicas. Já 65% da ocorrência de episódios particulares caracterizaram-se por relações discursivas interativas/de autoridade; e 35%, por relações discursivas não interativas/de autoridade. Cabe lembrar que as porcentagens apresentadas são aproximadas.

O entendimento da organização das atividades em relação à presença do aluno com deficiência visual é contribuído pelos números apresentados. Tal organização se deu, na grande maioria das vezes, em atividades comuns a todos os discentes, e, em algumas ocasiões, em atividades particulares. Os números indicam ainda o perfil discursivo das atividades, fundamentado, majoritariamente, em argumentações socráticas e retórica e minoritariamente, mas não de forma discreta, em argumentações dialógicas. Na sequência, explicito, respectivamente, as relações: contexto comunicacional/linguagem geradora de dificuldade e contexto comunicacional/linguagem geradora de viabilidade.

Contexto comunicacional/linguagem geradora de dificuldades

A relação entre contexto comunicacional e linguagem geradora de dificuldade encontra-se explicitada no Quadro 35. Os contextos comunicacionais e as linguagens foram expostos em sequência decrescente de ocorrência.

SABERES DOCENTES PARA A INCLUSÃO DO ALUNO... **193**

Quadro 35 – Relaciona as variáveis: contexto comunicacional e linguagens inacessíveis (grupo de termologia)

Contexto comunicacional (direita) Linguagem (abaixo)	Episódio não interativo/ de autoridade	Episódio interativo/ de autoridade	Episódio interativo/ dialógico	Frequência horizontal
Audiovisual interdependente/ significado vinculado às representações visuais	44	14	1	59
Fundamental auditiva/significado vinculado às representações visuais	4	1	0	5
Fundamental auditiva/significado indissociável de representações visuais	1	0	2	3
Auditiva e visual independentes/ significado vinculado às representações visuais	2	0	0	2
Tátil-auditiva interdependente/ significado indissociável de representações visuais	1	0	0	1 '
Auditiva e visual independentes/significado indissociável de representações visuais	0	1	0	1
Audiovisual interdependente/ significado de relacionabilidade sensorial secundária	1	0	0	1
Audiovisual interdependente/ significado indissociável de representações visuais	1	0	0	1
Frequência vertical	54	16	3	73

É indicado pela análise do Quadro 35 qual perfil linguístico gerador de dificuldade mostrou-se mais frequente em determinado contexto comunicacional. Veja-se na sequência.

Episódio não-interativo/de autoridade

No contexto aqui enfocado, 82% das dificuldades estiveram relacionadas ao emprego de linguagem audiovisual interdependente/ significado vinculado às representações visuais; 7%, ao emprego de

194 EDER PIRES DE CAMARGO

linguagem fundamental auditiva/significado vinculado às representações visuais; 4%, ao emprego de linguagem auditiva e visual independentes/significado vinculado às representações visuais; e 2%, respectivamente, ao emprego das linguagens tátil-auditiva interdependente/significado indissociável de representações visuais, fundamental auditiva/significado indissociável de representações visuais, audiovisual interdependente/significado de relacionabilidade sensorial secundária e audiovisual interdependente/significado indissociável de representações visuais. Em termos estruturais, as dificuldades encontradas estiveram relacionadas a duas características majoritárias: (a) utilização de linguagem de acesso visualmente dependente (audiovisual interdependente: 85,2%); e (b) abordagem de significados vinculados às representações visuais (92,6%).

Episódio interativo/de autoridade

Aqui, 85% das dificuldades estiveram relacionadas ao emprego de linguagem audiovisual interdependente/significado vinculado às representações visuais; e 6%, respectivamente, ao emprego das linguagens fundamental auditiva/significado vinculado às representações visuais e auditiva e visual independentes/significado indissociável de representações visuais.

Os resultados apresentados indicam que as dificuldades estiveram majoritariamente relacionadas ao emprego de linguagem de estrutura empírica audiovisual interdependente e à veiculação dos significados vinculados às representações visuais.

Episódio interativo/dialógico

No contexto aqui discutido, 67% das dificuldades estiveram relacionadas ao emprego de linguagem fundamental auditiva/significado indissociável de representações visuais; e 33%, ao emprego de linguagem audiovisual interdependente/significado vinculado às representações visuais.

Em termos estruturais, as dificuldades identificadas podem ser relacionadas a duas características discretamente majoritárias: (a) emprego de linguagem de estrutura empírica de acesso visual in-

SABERES DOCENTES PARA A INCLUSÃO DO ALUNO... 195

dependente (estrutura fundamental auditiva); e (b) veiculação de significado indissociável de representação visual. A veiculação de tais significados é que justifica a dificuldade oriunda da linguagem mais frequentemente encontrada no contexto comunicacional, ou seja, aqueles que não podem ser veiculados, acessados e representados por meio de códigos não visuais.

Todas as dificuldades estiveram relacionadas aos contextos comunicacionais comuns a todos os alunos. Em tais contextos, o emprego de linguagem de estrutura empírica audiovisual interdependente, presentes em aproximadamente 84% das dificuldades, foi prática majoritária. O emprego de linguagens de estruturas empíricas tátil--auditiva interdependente, fundamental auditiva e auditiva e visual independentes, representou em torno de 16% das dificuldades.

Concentrando a análise na estrutura semântico-sensorial, constatei que as dificuldades se relacionaram quase que totalmente aos significados vinculados às representações visuais (aproximadamente 90%). Significados indissociáveis de representações visuais (8%) e de relacionabilidade sensorial secundária (1%) foram encontrados de forma minoritária.

Esses números indicam dez características marcantes das dificuldades comunicacionais do grupo de termologia:

a) presença majoritária de dificuldades relacionadas à estrutura empírica audiovisual interdependente;

b) presença majoritária de dificuldades relacionadas aos significados vinculados às representações visuais;

c) presença majoritária de dificuldades nos episódios não interativos;

d) foram verificadas, de forma majoritária, dificuldades provenientes da relação: não interatividade/linguagem de estrutura empírica visualmente dependente (audiovisual interdependente);

e) significados indissociáveis de representações visuais e de relacionabilidade sensorial secundária participaram de forma minoritária do conjunto de dificuldades comunicacionais;

f) em episódios particulares não foram verificadas dificuldades;

g) a interatividade mostrou-se fator minoritário de dificuldades;

196 EDER PIRES DE CAMARGO

h) a dialogicidade mostrou-se fator discreto de dificuldades;

i) foram verificadas, de forma discreta, dificuldades provenientes da relação: não interatividade/linguagens de estruturas empíricas visualmente independentes (fundamental auditiva, auditiva e visual independentes e tátil-auditiva interdependente);

j) foram verificadas, de forma minoritária, dificuldades provenientes da relação: interatividade/linguagens de estruturas empíricas visualmente independentes (fundamental auditiva e auditiva e visual independentes).

Contexto comunicacional/linguagem geradora de viabilidades

No Quadro 36, explicito a relação entre contexto comunicacional e linguagem geradora de viabilidade, bem como o impacto quantitativo dessa relação. Observa-se que os contextos comunicacionais e as linguagens foram expostos em sequência decrescente de ocorrência.

Quadro 36 – Relaciona as variáveis: contexto comunicacional e linguagens acessíveis (grupo de termologia)

Contexto comunicacional (direita) Linguagem (abaixo)	Episódio interativo/ de autoridade	Episódio interativo/ dialógico.	Episódio não interativo/de autoridade	Episódio particular interativo/de autoridade	Episódio particular não interativo/de autoridade	Frequência horizontal
Fundamental auditiva/ significado indissociável de representações não visuais	59	52	41	8	2	162
Fundamental auditiva/ significado vinculado às representações não visuais	27	17	9	0	2	55

continua

Contexto comunicacional (direita) Linguagem (abaixo)	Episódio interativo/ de autoridade	Episódio interativo/ dialógico.	Episódio não interativo/de autoridade	Episódio particular interativo/de autoridade	Episódio particular não interativo/de autoridade	Frequência horizontal
Auditiva e visual independentes/ significado indissociável de representações não visuais	17	11	4	2	0	34
Auditiva e visual independentes/ significado vinculado às representações não visuais	17	5	4	0	0	26
Tátil-auditiva interdependente/ significado vinculado às representações não visuais	10	2	4	3	4	23
Fundamental auditiva/ significado de relacionabilidade sensorial secundária	5	5	9	1	0	20
Fundamental auditiva/ significado sem relação sensorial	6	9	1	1	0	17

continua

Contexto comunicacional (direita) Linguagem (abaixo)	Episódio interativo/ de autoridade	Episódio interativo/ dialógico.	Episódio não interativo/de autoridade	Episódio particular interativo/de autoridade	Episódio particular não interativo/de autoridade	Frequência horizontal
Auditiva e visual independentes/ significado de relacionabilidade sensorial secundária	7	3	3	0	0	13
Tátil-auditiva interdependente/ significado indissociável de representações não visuais	11	0	1	0	0	12
Auditiva e visual independentes/ significado sem relação sensorial	1	4	1	0	0	6
Frequência vertical	160	108	77	15	8	368

A análise do Quadro 36 indica que perfil linguístico gerador de viabilidade mostrou-se mais comum em determinado contexto comunicacional.

Episódio interativo/de autoridade

No presente contexto, 37% das viabilidades estiveram relacionadas ao emprego de linguagem fundamental auditiva/significado indissociável de representações não visuais; 17%, ao emprego de linguagem fundamental auditiva/significado vinculado às representações não visuais; 11%, ao emprego de linguagem auditiva e visual independentes/ significado vinculado às representações não visuais; e outros 11%, ao

SABERES DOCENTES PARA A INCLUSÃO DO ALUNO... **199**

emprego de linguagem auditiva e visual independentes/significado indissociável de representações não visuais. Prosseguindo, 7% estiveram relacionadas ao emprego de linguagem tátil-auditiva interdependente/ significado indissociável de representações não visuais; 6%, ao emprego de linguagem tátil-auditiva interdependente/significado vinculado às representações não visuais; 4%, ao emprego de linguagem auditiva e visual independentes/significado de relacionabilidade sensorial secundária; e 4%, ao emprego de linguagem fundamental auditiva/ significado sem relação sensorial. Finalmente, 3% das viabilidades estiveram relacionadas ao emprego de linguagem fundamental auditiva/significado de relacionabilidade sensorial secundária; e 1%, ao emprego de linguagem auditiva e visual independentes/significado sem relação sensorial.

Do ponto de vista estrutural, as viabilidades identificadas estiveram relacionadas a duas características predominantes: (a) utilização de linguagens de estrutura empírica fundamental auditiva (61%). Linguagens de estruturas empíricas auditiva e visual independentes (26%) e tátil-auditiva interdependentes (13%) mostraram-se menos frequentes; (b) abordagem de significados indissociáveis de representações não visuais (54%) e vinculados às representações não visuais (34%). Significados de relacionabilidade sensorial secundária (7%) e sem relação sensorial (4%) mostraram-se minoritários.

Sintetizando, em episódios interativos/de autoridade, os licenciandos, de forma majoritária, veicularam significados indissociáveis e vinculados às representações não visuais. Nesse contexto, a predominância se deu às relações: estrutura empírica fundamental auditiva/ significados indissociáveis e vinculados às representações não visuais.

Episódio interativo/dialógico

Nesse contexto, 48% das viabilidades estiveram relacionadas ao emprego de linguagem fundamental auditiva/significado indissociável de representações não visuais; 16%, ao emprego de linguagem fundamental auditiva/significado vinculado às representações não visuais; 10%, ao emprego de linguagem auditiva e visual independentes/significado indissociável de representações não visuais; e 8%, ao emprego de linguagem fundamental auditiva/significado sem relação sensorial. Dando continuidade, 5% das viabilidades estiveram relacionadas ao emprego de linguagem fundamental auditiva/significado de relacionabilidade sensorial secundária; outros 5%, ao emprego de linguagem auditiva e visual independentes/significado vinculado às representações não visuais; 4%, ao emprego de linguagem auditiva e visual independentes/significado sem relação sensorial; e 3%, ao emprego de linguagem auditiva e visual independentes/significado de relacionabilidade sensorial secundária. Dois por cento das viabilidades relacionaram-se ao emprego de linguagem tátil-auditiva interdependente/significado vinculado às representações não visuais. Lembrando que as porcentagens apresentadas são aproximadas.

Duas características estruturais podem ser destacadas no contexto comunicacional: (a) emprego majoritário de linguagens de estrutura empírica fundamental auditiva (77%). Linguagens de estrutura empírica auditiva e visual independentes (21%) foram empregadas de forma minoritária. Já as linguagens de estrutura empírica tátil-auditiva interdependente (2%) foram empregadas discretamente; (b) frequência majoritária dos significados indissociáveis de representações não visuais (58%), seguido pelos vinculados às representações não visuais (22%). Significados sem relação sensorial (12%) e de relacionabilidade sensorial secundária (7%) foram veiculados de forma minoritária.

Episódio não interativo/de autoridade

Aqui, 53% das viabilidades estiveram relacionadas ao emprego de linguagem fundamental auditiva/significado indissociável de representações não visuais; 12%, ao emprego de linguagem fundamental auditiva/significado vinculado às representações não visuais; outros 12%, ao emprego de linguagem fundamental auditiva/significado de relacionabilidade sensorial secundária; e 5%, respectivamente, ao emprego das linguagens tátil-auditiva interdependente/significado vinculado às representações não visuais, auditiva e visual independentes/significado vinculado às representações não visuais e auditiva e visual independentes/significado indissociável de representações não visuais. Quatro por cento das viabilidades estiveram relacionadas ao

SABERES DOCENTES PARA A INCLUSÃO DO ALUNO... 201

emprego de linguagem auditiva e visual independentes/significado de relacionabilidade sensorial secundária; e 1%, respectivamente, ao emprego das linguagens tátil-auditiva interdependente/significado indissociável de representações não visuais, fundamental auditiva/ significado sem relação sensorial e auditiva e visual independentes/ significado sem relação sensorial.

As viabilidades identificadas no presente contexto estiveram relacionadas a duas características predominantes: (a) emprego de linguagens de estrutura empírica fundamental auditiva (78%). Linguagens de estruturas empíricas auditiva e visual independentes (16%) e tátil-auditiva interdependente (6%) foram empregadas de forma minoritária; (b) veiculação de significados indissociáveis de representações não visuais (60%) seguido pela veiculação dos significados vinculados às representações não visuais (22%). Já os significados de relacionabilidade sensorial secundária (16%) e sem relação sensorial (3%) foram veiculados de forma minoritária.

Episódio particular interativo/de autoridade

Nesse contexto, 53% das viabilidades estiveram relacionadas ao emprego de linguagem fundamental auditiva/significado indissociável de representações não visuais; 20%, ao emprego de linguagem tátil--auditiva interdependente/significado vinculado às representações não visuais; 13%, ao emprego de linguagem auditiva e visual independentes/significado indissociável de representações não visuais; e 7%, respectivamente, ao emprego das linguagens fundamental auditiva/ significado sem relação sensorial e fundamental auditiva/significado de relacionabilidade sensorial secundária. São duas as características estruturais predominantes desse contexto comunicacional: (a) emprego de linguagem de estrutura empírica fundamental auditiva (66,7%). Linguagens de estruturas empíricas tátil-auditiva interdependente (20,0%) e auditiva e visual independentes (13,3%) mostraram-se menos frequente; (b) veiculação majoritária de significados indissociáveis de representações não visuais (66,7%). A veiculação dos significados vinculados às representações não visuais (20,0%) e sem relação sensorial (6,7%) mostrou-se minoritária.

202 EDER PIRES DE CAMARGO

Episódio particular não interativo/de autoridade

Aqui, 50% das viabilidades estiveram relacionadas ao emprego da linguagem tátil-auditiva interdependente/significado vinculado às representações não visuais; e 25%, respectivamente, ao emprego das linguagens fundamental auditiva/significado vinculado às representações não visuais e fundamental auditiva/significado indissociável de representações não visuais.

Duas são as características estruturais majoritárias do presente contexto comunicacional: (a) emprego igualitário de linguagens de estruturas empíricas tátil-auditiva interdependentes (50%) e fundamental auditiva (50%); e (b) predominância da veiculação de significados vinculados às representações não visuais (75%). A veiculação dos significados indissociáveis de representações não visuais mostrou-se minoritária.

Os números explicitados indicam dez características marcantes das viabilidades comunicacionais do grupo de termologia:

a) predominância de viabilidades nos contextos comunicacionais comuns a todos os discentes;

b) predominância de viabilidades nos contextos comunicacionais interativos;

c) ocorrência significativa da relação viabilidade/contexto dialógico;

d) predominância de viabilidades relacionadas ao emprego de linguagens de estrutura empírica fundamental auditiva;

e) linguagens de estruturas empíricas auditiva e visual independentes e tátil-auditiva interdependentes foram identificadas de forma minoritária;

f) predominância de viabilidades relacionadas à veiculação de significados indissociáveis de representações não visuais;

g) ocorrência significativa da relação viabilidade/significado vinculado às representações não visuais;

h) ocorrência minoritária de viabilidades relacionadas à veiculação dos significados de relacionabilidade sensorial secundária e sem relação sensorial;

i) os episódios comuns a todos os alunos proporcionaram condições para a utilização de linguagens de estrutura empírica tátil-auditiva interdependente;

j) não ocorrência da relação: viabilidade/estrutura empírica audio-visual interdependente.

Passo agora a analisar as dificuldades e bia viabilidades de experimentos.

Dificuldade experimento

Identifiquei esse perfil em uma ocasião ligada à realização de experimento demonstrativo, em episódios não interativos e com o emprego de linguagem audiovisual interdependente/significado vinculado às representações visuais.

O experimento realizado enfocou o estudo dos gases (experimento 1). Inicialmente, o licenciando apresentou os equipamentos experimentais à frente da sala; em seguida, realizou experimento demonstrativo sobre a dilatação dos gases. Foram utilizados os seguintes equipamentos: elenmeyer, borrachas de conexão, bacia, gelo, copo e detergente.

Viabilidade experimento

Foi identificada em 12 ocasiões. Esteve ligada à realização de experimentos participativos, em episódios interativos e com o emprego de linguagens de estruturas empíricas tátil-auditiva interdependente e fundamental auditiva.

Os experimentos realizados foram os seguintes: (1) diferença entre calor e temperatura; (2) relação entre calor, temperatura e massa; (3) equilíbrio térmico; (4) calor por condução; (5 e 6) calor por convecção; (7) calor por radiação; (8) dilatação linear dos sólidos; (9) dilatação térmica dos líquidos; (10) dilatação térmica dos gases; (11 e 12) dilatação superficial dos sólidos.

Termino aqui as análises das classes que representaram dificuldade e viabilidade de inclusão. Na sequência, abordo outras classes, isto é, aquelas que representaram dificuldade ou viabilidade de inclusão.

Classes que representam dificuldade ou viabilidade à inclusão do aluno com deficiência visual

Dificuldade segregação

Foi identificada em 10 ocasiões: diz respeito à criação, no interior da sala de aula, de ambientes segregativos de ensino. Já discuti esse perfil de dificuldade nos capítulos anteriores, especialmente no 4. No capítulo 9, retomarei uma discussão sobre esse tema.

Dificuldade operação matemática

Identificada em três ocasiões, ocorreu em atividades realizadas em episódios não interativos e com o emprego de linguagem audiovisual interdependente/significado vinculado às representações visuais. Retomando, fundamenta-se na relação triádica caracterizadora das operações matemáticas, ou seja, simultaneidade entre raciocínio, registro do cálculo e sua observação.

Os cálculos que representaram dificuldades foram os seguintes: equação do trabalho termodinâmico; rendimento de máquinas térmicas e relação entre calor e temperatura no ciclo de Carnot.

Viabilidade apresentação de hipótese

Verifiquei este perfil em 23 ocasiões. Sua ocorrência esteve relacionada a episódios interativos e ao emprego de linguagens de estrutura empírica fundamental auditiva. Como nesses ambientes os alunos com e sem deficiência visual alternaram a função de interlocutor, o discente cego teve condições de expressar-se. Essa viabilidade refere-se a situações em que o discente apresentou relações de causa e efeito para um determinado fenômeno.

As hipóteses apresentadas por B foram as seguintes: (1) explicação para sensação térmica ao sair da piscina; (2) explicação para a variação da temperatura da água; (3, 4) explicação para a variação de temperatura em vasilhas cheia e pela metade de água; (5, 6) explicação para a evaporação da água; (7) explicação para o que ocorrerá com a água aquecida na latinha e na vasilha plástica; (8) explicação para o esfriamento da água na latinha e o aquecimento da água na vasilha plástica; (9) explicação do derretimento da parafina no fio aquecido; (10) explicação para o movimento do cata-vento próximo à chama; (11) explicação para o movimento ascendente da gota de leite aquecida; (12) explicação para a diferença de temperatura nas regiões laterais e acima da vela; (13, 14) explicação para a dilatação do prego aquecido; (15) explicação para a relação dilatação/aquecimento; (16) previsão para o que vai ocorrer com um prego após sua temperatura diminuir; (17) explicação para o que ocorrerá com o prego colocado numa chapa metálica aquecida; (18) explicação para o que ocorrerá com esfera de metal após ser aquecida; (19) explicação para a dilatação do gás dentro de uma bexiga; (20) explicação para a dilatação nos sólidos; (21, 22) explicação sobre pressão atmosférica; (23) explicação para a relação pressão/profundidade.

Viabilidade apresentação de modelos

Identificada em sete ocasiões, ocorreu em episódios interativos e com o emprego de linguagens de estrutura empírica fundamental auditiva.

Os modelos apresentados foram os seguintes: (1) modelo para a troca energética entre corpos de diferentes temperaturas (calor); (2) modelo para a transferência energética por radiação entre corpos de diferentes temperaturas (calor como radiação); (3) modelo de dilatação dos sólidos; (4) modelo de dilatação dos gases; (5, 6, 7) modelo para pressão.

Em síntese, apresento os Quadros 37 e 38. Neles, explicito as classes de dificuldades e viabilidades, bem como suas características intrínsecas marcantes.

206 EDER PIRES DE CAMARGO

Quadro 37 – Classes e características intrínsecas das dificuldades de inclusão (grupo de termologia)

Classe/dificul-dade/inclusão	Estrutura empírica predominante	Estrutura semântico--sensorial predominante	Contexto predomi-nante
Comunicação	Audiovisual inter-dependente	Significados vinculados às representações visuais	Episódios não interativos
Segregação	Audiovisual inter-dependente	Significados vinculados às representações visuais	Episódios não interativos
Experimento	Audiovisual inter-dependente	Significados vinculados às representações visuais	Episódios não interativos
Operação matemática	Audiovisual inter-dependente	Significados vinculados às representações visuais	Episódios não interativos

Quadro 38 – Classes e características intrínsecas das viabilidades de inclusão (grupo de termologia)

Natureza/viabilidade/inclusão	Estrutura empírica predominante	Estrutura semântico--sensorial predominante	Contexto metodoló-gico predominante
Comunicação	Fundamental auditiva	Significados indissociá-veis de representações não visuais	Episódios interativos
Experimento	Fundamental auditiva e tátil-auditiva interdependente	Significados indissociá-veis de representações não visuais	Episódios interativos
Apresentação de hipótese	Fundamental auditiva	Significado indissociável de representações não visuais	Episódios interativos
Apresentação de modelo	Fundamental auditiva	Significado indissociável de representações não visuais	Episódios interativos

8
PANORAMA DAS DIFICULDADES E VIABILIDADES PARA A INCLUSÃO DO ALUNO COM DEFICIÊNCIA VISUAL EM AULAS DE FÍSICA MODERNA

Identifiquei para o grupo de física moderna seis classes de dificuldades de inclusão e quatro de viabilidades. Essas classes são as seguintes: (a) dificuldades: comunicação, segregação, operação matemática, simulações computacionais, operação de software e experimento; (b) viabilidades: comunicação, utilização de materiais, apresentação de modelos e peça teatral. No Quadro 39 apresento tais classes.

Quadro 39 – Panorama de dificuldades e viabilidades de inclusão. Grupo de física moderna

Classe/dificuldade/inclusão	Ocorrência	Classe/viabilidade/inclusão	Ocorrência
Comunicação	Sim	Comunicação	Sim
Segregação	Sim	Segregação	Não
Utilização de materiais	Não	Utilização de materiais	Sim
Operação matemática	Sim	Operação matemática	Não
Simulação computacional	Sim	Simulação computacional	Não
Apresentação de modelos	Não	Apresentação de modelos	Sim
Experimento	Sim	Experimento	Não
Operação de software	Sim	Operação de software	Não
Peça teatral	Não	Peça teatral	Sim

Na sequência, as classes de dificuldades e viabilidades identificadas serão analisadas.

Classes que representam dificuldade e viabilidade à inclusão do aluno com deficiência visual

Dificuldade de comunicação

Identifiquei 97 momentos em que ocorreram dificuldades de comunicação. Agrupei essas dificuldades em sete linguagens que ficaram constituídas pelas seguintes estruturas empíricas: auditiva e visual independentes, fundamental auditiva, fundamental visual e audiovisual interdependente.

Em relação ao aspecto semântico-sensorial, os significados abordados estiveram relacionados a duas estruturas.

a) Significado vinculado às representações visuais. Exemplo: registro visual de trajetória, de constantes físicas, da dilatação do espaço, de relações matemáticas, de equações, de ângulos, de experimentos, de gráficos, de onda e partícula, de orbital, de cálculos, de elemento químico (posição dos valores de número atômico e número de massa), de padrões de desvios sofridos por raios alfa, beta e gama etc.

b) Significado indissociável de representações visuais. Exemplo: formação de imagem, franjas claras e escuras, ideia de cores, de transparente e opaco, fotografia, cinema, fosforescência, sombras etc.

No Quadro 40, explicito as estruturas empíricas e semântico-sensoriais das linguagens geradoras de dificuldades comunicacionais, suas relações e respectivas porcentagens.

Quadro 40 – Dificuldade de comunicação. Estruturas empírica e semântico-sensorial das linguagens (grupo de física moderna)

Empírica (direita) Semântico-sensorial (abaixo)	Audio-visual interde-pendente	Auditiva e visual indepen-dentes	Funda-mental auditiva	Funda-mental visual	Total ho-rizontal
Significado vinculado às representações visuais	64	10	7	1	82
Significado indissociável de representações visuais	5	4	6	0	15
Total vertical	69	14	13	1	97

SABERES DOCENTES PARA A INCLUSÃO DO ALUNO... 209

As sete linguagens geradoras de dificuldade comunicacional foram, portanto, as seguintes:

Linguagem 1: audiovisual interdependente/significado vinculado às representações visuais

Os trechos apresentados na sequência exemplificam tal linguagem.

Trecho 1

Fm-3: Este gráfico representa realmente o que foi o experimento do efeito fotoelétrico, só que o resultado esperado não era este, o resultado esperado se fosse pelo comportamento clássico seria algo desse tipo aqui ó.

O Trecho 1 relata um dos licenciandos apresentando explicações sobre os gráficos do efeito fotoelétrico. Para tanto, projetou os mesmos através de um data show, e por meio de linguagem de estrutura empírica audiovisual interdependente enfocou características e comportamentos desse efeito de acordo com as perspectivas clássica e quântica, ou seja, aquilo que a física clássica esperava que ocorresse e aquilo que realmente era observado (explicação quântica). Os significados veiculados encontravam-se vinculados às representações visuais e registrados visualmente nas curvas dos gráficos.

Trecho 2

Fm-3: Neste pedaço aqui ó não aparece onda, ela foi praticamente destrutiva, é a interferência das outras ondas dessa parte de baixo, porque aqui nós estamos pegando somente da fenda do meio, se fosse só as fendas do meio e não tivesse as outras fendas nós teríamos esta coisa tracejada aqui, mas como há interferência ocorre a interferência destrutiva e construtiva, aqui seria destrutiva, aqui construtiva, que é esse desenho das franjas de interferência.

Observem-se as funções indicativa e demonstrativa dos códigos auditivo e visual. Oralmente o licenciando pronuncia: "neste pedaço aqui" [...] "é a interferência das outras ondas dessa parte de baixo" [...] "nós teríamos esta coisa tracejada aqui" [...] "aqui seria destrutiva, aqui construtiva, que é esse desenho das franjas de interferência".

Os significados veiculados são vinculados às representações visuais e referem-se aos padrões de interferência construtiva e destrutiva de ondas. Para serem acessados, dependem da visualização, pois, não há no caráter auditivo da linguagem procedimentos descritivos de como tais padrões se representam.

Linguagem 2: auditiva e visual independentes/significado vinculado às representações visuais

Na sequência, apresento um exemplo desse perfil linguístico.

Trecho 3

Fm-4: Para um elemento hipotético, vamos supor o x, o número atômico é escrito num tamanho menor na extremidade inferior esquerda dele e o número de massa é colocado na extremidade superior direita dele.

No Trecho 3 é apresentada a ocasião em que um dos licenciandos tenta descrever a forma de se registrar elementos químicos. Tal registro obedece à seguinte lógica: uma letra maiúscula (exemplo, H para hidrogênio) ou uma letra maiúscula seguida por uma minúscula (exemplo, Fe para o ferro), com dois números, um na parte superior direita, representando o número de massa, e outro na parte inferior esquerda, representando o número atômico. Esse tipo de lógica (parte superior e inferior) para o aluno B, pelos motivos descritos em capítulos anteriores, não é trivial. Assim, embora a descrição oral tenha ocorrido, a forma como tal descrição é feita encontra-se carregada de um simbolismo visual sem significado para o aluno B.

Exceção à dificuldade apresentada seria feita na hipótese de um discente, que antes de ficar cego, tivesse aprendido a lógica discutida. Esse discente hipotético teria construído representações mentais visuais do registro de elemento químico e teria tido condições de acessibilidade à informação veiculada.

Linguagem 3: fundamental auditiva/significado vinculado às representações visuais

Apresento na sequência um exemplo dessa linguagem.

SABERES DOCENTES PARA A INCLUSÃO DO ALUNO... 211

Trecho 4

Fm-4: Ele (licenciando que demonstrou equação) fez que o momento linear clássico é p igual a massa vezes velocidade, no caso da mecânica quântica ele chegou que p é igual ao h que é a constante de Planck vezes, multiplicado pela frequência sobre a velocidade da luz, não aparece massa, isso é uma onda, eu não sei se cheguei a ser claro.

B: Não, eu não consegui perceber.

Fm-4: Parece o m de massa, aí é partícula, quando ele chegou na quântica, ele não chegou com massa, a fórmula dele não tem massa.

B: Aparece como o quê?

Fm-4: h sobre lambda, é a constante de Planck pelo comprimento de onda, na mecânica quântica tem duas fórmulas, o momento linear é igual a constante de Planck vezes a frequência sobre c, sobre a velocidade da luz, ou p é igual a h sobre lâmbida, lâmbida é o comprimento de onda.

No Trecho 4 o licenciando colaborador apresentava ao aluno B explicações acerca do momento linear do elétron de acordo com parâmetros ondulatórios (Postulado de Broglie). É importante que o leitor perceba que o trecho aqui relatado descreve um episódio particular. A finalidade da demonstração era analisar características ondulatórias do elétron, e de forma mais geral, da matéria (comprimento de onda e frequência).

O licenciando abordou as grandezas: momento linear, massa, velocidade, comprimento de onda, frequência, velocidade da luz e constante de Planck. Os significados que se entendem como vinculados às representações visuais estão contidos nas relações matemáticas entre as grandezas indicadas. Observe os fragmentos: "h sobre lambda" [...] "o momento linear é igual à constante de Planck vezes a frequência sobre C". Novamente, a linguagem empregada encontrava-se carregada de simbolismo visual, especificamente o emprego do termo "sobre" no lugar do "dividido por". Assim, antes mesmo de construir significados sobre as grandezas físicas enfocadas, o discente com deficiência visual envolveu-se em incompreensões relacionadas à forma de comunicar os significados.

212 EDER PIRES DE CAMARGO

Linguagem 4: fundamental auditiva/significado indissociável de representações visuais

Indico um exemplo dessa linguagem na sequência.

Trecho 5

Fm-1: O elétron acelerava, quando ele acelerava ele bate como se fosse na frente de uma televisão e produz uma imagem.

O que inviabilizou o acesso de B à informação veiculada foi a ideia de imagem. O que pessoas cegas de nascimento, como B, compreendem por significados como o abordado? Efetivamente tal compreensão é desprovida de representações visuais, dependendo, exclusivamente, de elementos sociais associados a esses significados.

Linguagem 5: audiovisual interdependente/significado indissociável de representações visuais

O trecho seguinte exemplifica esse perfil linguístico:

Trecho 6

Fm-4: Na superfície dessa placa havia o aparecimento desses pequenos arcos voltaicos, na verdade eram elétrons sendo extraídos da placa pelo efeito da luz.

(Projeta imagem)

O Trecho 6 aborda um dos licenciandos apresentando características do efeito fotoelétrico. Nesse efeito, ocorre a liberação de elétrons de uma placa metálica devido à incidência de luz. A característica enfocada estava relacionada ao aparecimento de pequenos arcos voltaicos como consequência da extração de elétrons da placa. As cores desses arcos encontravam-se descritas na componente visual da linguagem. Já a componente auditiva exercia a função indicativa: "o aparecimento desses pequenos arcos voltaicos". Como discutido anteriormente, tais funções caracterizam a linguagem de estrutura empírica audiovisual interdependente.

Linguagem 6: auditiva e visual independentes/significado indissociável de representações visuais

Observe um exemplo na sequência.

Trecho 7

Fm-1: De aplicações técnicas nós temos a fotografia e primeiro a fotografia em preto e branco, da fotografia surgiu o cinema e depois surgiu também a fotografia colorida.

(Projeta e fala as informações)

O Trecho 7 aborda algumas das aplicações técnicas resultantes do desenvolvimento da física moderna (máquina fotográfica e cinema). O que tornou inacessível a informação para B foram as ideias de fotografia e cinema, ideias essas que possuem significados indissociáveis de representações visuais. Nesse sentido, seria conveniente questionar: o que pessoas cegas de nascimento compreendem por fotografia e cinema? A resposta a tal questionamento fundamenta-se em funções sociais atribuídas à fotografia e ao cinema e não em funções visuais como a de ver uma foto ou um filme.

Linguagem 7: fundamental visual/significado vinculado às representações visuais

Identifiquei esse perfil linguístico na ocasião em que um dos licenciandos, sem realizar descrições orais, projetou no data show uma animação visual de uma situação hipotética envolvendo dimensões de objetos à velocidades próximas e iguais à da luz (significados vinculados às representações visuais).

No Quadro 41 sintetizo as linguagens geradoras de dificuldades comunicacionais, a característica peculiar da linguagem (se houver), suas porcentagens, bem como o recurso instrucional mais frequente em cada uma delas.

EDER PIRES DE CAMARGO

Quadro 41 – Linguagens geradoras de dificuldades de comunicação (grupo de física moderna)

Linguagem	Porcentagem aproximada	Característica peculiar	Recurso instrucional mais empregado
Linguagem 1	66%	Indicação oral de registros visualmente vinculados e detalhados	Data show
Linguagem 2	10%	Detalhamento oral insuficiente	Data show
Linguagem 3	7%	Recorrência à representações de significados visualmente vinculados	Não utilizado
Linguagem 4	6%	Recorrência à "imagens visuais mentais"	Não utilizado
Linguagem 5	5%	Indicação oral de registros visualmente indissociáveis	Data show
Linguagem 6	4%	Som não veicula significados visualmente indissociáveis	Data show
Linguagem 7	1%	Apresentação visual	Data show Simulações computacionais

Passo agora a analisar as viabilidades de comunicação.

Viabilidade comunicação

Identifiquei 222 momentos em que ocorreram viabilidades de comunicação. Agrupei essas viabilidades em razão de dez linguagens que ficaram organizadas em razão das seguintes estruturas empíricas: (a) auditiva e visual independentes, fundamental auditiva e tátil-auditiva interdependente.

Em relação ao aspecto semântico-sensorial, os significados veiculados estiveram relacionados a quatro estruturas.

a) Significado vinculado às representações não visuais. Exemplos: deformação do espaço; registro tátil da trajetória dos objetos; trajetórias; aceleração; partícula; registro tátil dos fenômenos ondulatórios: interferências construtiva e destrutiva (Figura 18); registro tátil da subcamada P do átomo quântico (Figura 19); comportamento ondulatório; bombardeamento do núcleo atômico por nêutrons (Figura 20); efeito fotoelétrico (ideia da colisão entre fóton e elétrons); modelo atômico de Thomson (analogia do pudim de passas); modelo atômico de Rutherford (analogia com o sistema planetário – Figura 21); gráficos das explicações clássicas e quânticas do efeito fotoelétrico (Figura 22); curva do decaimento do rádio (Figura 23).

Figura 18 – Registro tátil-visual do fenômeno de interferência de ondas na água.

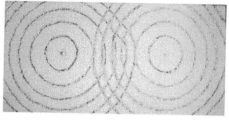

Figura 19 – Registro tátil-visual tridimensional da subcamada P do modelo atômico quântico.

Figura 20 – Registro tátil-visual tridimensional de reação em cadeia (reação nuclear).

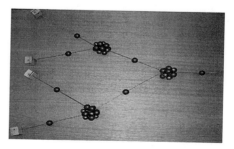

Figura 21 – Registro tátil-visual tridimensional do modelo atômico de Rutherford.

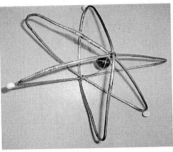

Figura 22 – Registro tátil-visual bidimensional dos gráficos: (1) interpretação clássica do efeito fotoelétrico e (2) interpretação quântica do efeito fotoelétrico.

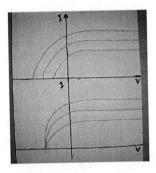

Figura 23 – Registro tátil-visual bidimensional do gráfico do decaimento do rádio com o tempo.

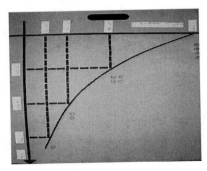

b) Significado de relacionabilidade sensorial secundária. Exemplos: datas, nomes de cientistas, elementos químicos, locais etc.; curiosidades, períodos de eventos importantes para a física moderna, informações em geral etc.

c) Significado indissociável de representações não visuais. Exemplos: força, calor etc.

d) Significado sem relação sensorial. Exemplos: invariância da velocidade da luz em relação a qualquer referencial, energia, tempo, carga elétrica, associação entre cores e frequências do infravermelho e do ultravioleta, dilatação do tempo em distintos referenciais, campos gravitacional, elétrico e magnético.

No Quadro 42 explicito as estruturas empírica e semântico-sensorial das linguagens geradoras de viabilidades comunicacionais.

Quadro 42 – Viabilidade de comunicação (grupo de física moderna)

Empírica (direita) Semântico-sensorial (abaixo)	Auditiva e visual independentes	Fundamental auditiva	Tátil-auditiva interdependente	Total horizontal
Significado vinculado às representações não visuais	37	38	43	118
Significado de relacionabilidade sensorial secundária	46	23	0	69
Significado Indissociável de representações não visuais	13	4	2	19
Significado sem relação sensorial	8	8	0	16
Total vertical	104	73	45	222

As dez linguagens geradoras de viabilidade comunicacional foram, portanto, as seguintes:

Linguagem 8: auditiva e visual independentes/significado de relacionabilidade sensorial secundária.

Observe o exemplo que segue.

Trecho 8

Fm-2: O Einstein nasceu em 14 de março em 1879 na cidade de Gutenberg na Alemanha. Quando criança ele fez aula de violino. Ele foi educado pela educação judaica e por volta dos 12 anos de idade que é praticamente uma criança ainda, ele começou a ter aulas particulares numa escola bem avançada sobre cálculo que são aquelas contas que envolvem derivadas, essas contas absurdas para uma criança de 12 anos de idade.

O Trecho 8 enfoca características pessoais da vida de Einstein. Tal enfoque se deu por meio de linguagem de estrutura empírica auditiva e visual independentes, ou seja, as informações eram projetadas e lidas simultaneamente. Os significados contidos nas informações são de relacionabilidade sensorial secundária, pois representações mentais não são prioritárias para a compreensão dos mesmos.

Linguagem 9: tátil-auditiva interdependente/significado vinculado às representações não visuais

Um exemplo é discutido na sequência.

Trecho 9

Fm-3: Esse daqui foi o modelo que o Rutherford fez, da só uma pegadinha (Figura 21). Esses arames significaria a trajetória, são a trajetória ao redor desses que está no meio, dentro dele tem essa bolinha que significa o núcleo do átomo, é assim que ele imaginou o átomo, um núcleo, ao redor dele.

B: Esse seria o núcleo?

Fm-3: O núcleo é essa bolinha do meio, essa do meio, esse é o núcleo, e ao redor dele essas trajetórias dessas bolinhas, pode seguir, você vai ver essa bolinha, isso, bem menor, está vendo? Essa bolinha estaria descrevendo, ela gira em torno dessa bola maior que está no centro através da trajetória desse arame que você está vendo aí.

Fm-3: Essa bolinha que você está vendo aqui é um elétron, esses elétrons ficam circulando entorno dessa daqui do meio.

B: As bolinhas menores seriam os elétrons?

Fm-3: Isso, e essa bola maior seria o núcleo.

O Trecho 9 enfoca a descrição do modelo atômico de Rutherford. Para tanto, o licenciando utilizou-se de maquete tátil-visual construída previamente para o ensino dos discentes com deficiência visual. A

SABERES DOCENTES PARA A INCLUSÃO DO ALUNO... 219

maquete, apesar de apresentar problemas inerentes às proporções atômicas (tamanho do núcleo, distância da eletrosfera ao núcleo, etc.), proporcionou condições para que o discente acessasse as principais características do modelo atômico em questão. O equipamento permitiu o emprego da linguagem de estrutura empírica tátil-auditiva interdependente, onde o aluno percebe tatilmente algum objeto e ouve explicações acerca do mesmo. É importante notar que o significado contido no modelo atômico aqui discutido esteve vinculado às representações não visuais, ou seja, característica geométrica, posição dos elétrons prótons e nêutrons, espaço vazio entre a eletrosfera e o núcleo atômico.

Linguagem 10: fundamental auditiva/significado vinculado às representações não visuais

Apresento e discuto na sequência um exemplo desse perfil linguístico.

Trecho 10

Fm-3: O fóton de luz incidia, extraia o elétron e o elétron ficava na superfície ali para cima da placa, fora da placa. Essa emissão desses elétrons arrancados pela luz, que é o que ele percebeu, é que é chamado de efeito fotoelétrico. Esse foi um fenômeno observado mais não explicado na época, só se dizia que estava havendo emissão de elétrons.

O Trecho 10 aborda a descrição do efeito fotoelétrico. Nele, luz e elétron são tratados como partícula. Esse tratamento confere aos significados de fóton e elétron vínculo às representações não visuais. Em outras palavras, a ideia de partícula é comunicável a partir de referenciais não visuais como o tátil. B tem ideias de partícula, originadas em experiências cotidianas como as de pegar uma pedra ou uma esfera. Assim, a estrutura empírica fundamental auditiva foi adequada para a veiculação do significado inicial básico do efeito fotoelétrico, isto é, o de que fótons de luz colidem contra elétrons, e por tal colisão, retiram-nos de seus locais de origem.

220 EDER PIRES DE CAMARGO

Linguagem 11: auditiva e visual independentes/significado vinculado às representações não visuais

Na sequência, discuto um exemplo de tal linguagem.

Trecho 11

Fm-3: A difração da luz foi mostrada por Young para mostrar o caráter ondulatório da luz. Então a luz depois desse fenômeno de difração passou a ser tratada como onda e não partícula, onda eletromagnética que foi confirmada pela equação de Maxwell na teoria ondulatória que a luz se propagava como onda e não como partícula em linha reta. Só que aí vem o efeito fotoelétrico e o Einstein tratou a luz como uma partícula com uma energia definida e se movimentava como um pacote de energia

O Trecho 11 enfoca os dois modelos centrais para a natureza da luz, isto é, onda e partícula. Ambos os modelos possuem vínculo com representações não visuais, especificamente a tátil. Tanto a ideia de onda quanto a de partícula são externamente registráveis e internamente representáveis por meio de significados que podem ser vinculados a um conjunto duplo de percepções, ou seja, a tátil e a visual. Como o licenciando leu informações projetadas, a estrutura empírica da linguagem empregada foi a auditiva e visual independente.

Linguagem 12: fundamental auditiva/significado de relacionabilidade sensorial secundária

Um exemplo desse perfil linguístico pode ser observado na sequência.

Trecho 12

Fm-1: Falar sobre a história da ciência é falar das pessoas que escreveram essa história, então eu vou falar dos cientistas, dos fenômenos de tudo que aconteceu até hoje, quando eu falo de história da ciência eu estou falando disto, e é através da informação que a gente tem acesso a este conhecimento, então por isto é importante estudar a história da ciência.

O licenciando, durante o processo de veiculação de informações descrito, utilizou-se de linguagem de estrutura empírica fundamental auditiva. Por meio de tal estrutura, veiculou significados de relacionabilidade sensorial secundária.

Linguagem 13: auditiva e visual independentes/significado indissociável de representações não visuais

Na sequência, um exemplo desse perfil linguístico é apresentado e analisado.

Trecho 13

Fm-2: Sobre a terceira lei de Newton, quando você dá um soco na parede a sua mão recebe uma outra força contrária, você sente uma dor na mão, a terceira lei de Newton da ação e reação explica isto.

O Trecho 13 relata a explicação da terceira lei de Newton apresentada por meio do exemplo do soco na parede. O significado veiculado refere-se às forças exercidas pelo agente do soco e pela parede. Como discuti no Capítulo 6, uma força não pode ser vista, ouvida, mas pode ser percebida tatilmente. Sempre que uma pessoa exerce ou sofre a ação de uma força, ela é percebida por meio do tato. Isso torna a ideia sensorial de força indissociável de representações táteis e plenamente acessível a alunos com deficiência visual.

Linguagem 14: fundamental auditiva/significado sem relação sensorial

Na sequência, um exemplo é apresentado e discutido.

Trecho 14

Fm-2: A velocidade da luz era medida em relação a que? Em relação a qualquer objeto no universo. Agora fazemos a seguinte pergunta, como pode a velocidade da luz ser a mesma em relação à pessoa parada e em relação a uma espaçonave muito rápida?

A invariância da velocidade da luz, ou seja, a propriedade da luz em possuir a mesma velocidade em relação a múltiplos referenciais é um exemplo de significado que não pode ser representado ou compreendido sensorialmente. Como construir representações mentais sensoriais sobre tal fenômeno? Como imaginar que a luz, em relação a um objeto parado e em relação a outro com velocidade, por exemplo, de 100.000 km/s, possui a velocidade de 300.000 km/s? Tal significado é plenamente acessível às pessoas com deficiência visual.

Linguagem 15: auditiva e visual independentes/significado sem relação sensorial

Note o exemplo que segue.

Trecho 15

Fm-2: Do ponto de vista do observador externo o tempo dentro da nave em alta velocidade ocorre mais de vagar, esse efeito de dilatação de tempo pode parecer estranho, mas já foi provado por experimento através de relógio de alta precisão, quando foi utilizado relógios atômicos foi comprovado a dilatação do tempo.

O Trecho 15 descreve a abordagem do fenômeno da dilatação do tempo, ou seja, sua relatividade em razão da velocidade do referencial. A ideia de tempo não possui relação sensorial. Na mesma linha de raciocínio, sua dilatação também não possui. Compreender o que é o tempo não estabelece com o elemento sensorial relações de vínculo ou associação. Tempo não pode ser visto, ouvido, tateado etc., o tempo é uma construção relacionada com certo referencial de ordem e de como tal ordem muda, ou seja, as coisas tendem de um estado de organização para outro. Tal qual a ideia de invariância da velocidade da luz, a ideia de tempo é amplamente acessível a alunos com deficiência visual.

Linguagem 16: fundamental auditiva/significado indissociável de representações não visuais

É apresentado e discutido um exemplo na sequência.

Trecho 16

A-v: ... A gente tinha pensado assim, a luz não carrega calor?
Fm-2: Como?
A-v: A luz não carrega calor?
Fm-2: Calor? É, pode ser...

O Trecho 16 descreve uma interação discursiva entre discente vidente e licenciando. B participou como ouvinte. Nesse diálogo, foi enfocado o tema do calor. Esse tema é constituído, do ponto de vista semântico-sensorial, de significado indissociável de representações não visuais (tátil). Dito de outro modo, a ideia de calor estabelece com o elemento sensorial tátil uma relação indissolúvel e que não pode ser compreendida por meio de outras representações (visual, auditiva etc.). Não estou analisando se a afirmação do aluno vidente é correta cientificamente. Talvez ele quisesse referir-se ao fato de a luz e o calor fazerem parte de um mesmo tipo de fenômeno, ou seja, as ondas eletromagnéticas.

Linguagem 17: tátil-auditiva interdependente/significado indissociável de representações não visuais

Na sequência, é exemplificado e analisado este perfil linguístico.

Trecho 17

B: Mas dessa cadeia que se forma que vai multiplicando, multiplicando, não tem uma base de valores?

Fm-4: Imagine você ter uma quantidade de urânio tudo junto numa única pastilha, você bombardeou uma só, um nêutron atingiu uma só, desse nêutron ele começa a duplicar até atingir todos os átomos que tem lá dentro, e vai liberando calor, e é assim que a bomba atômica vai funcionando, ela vai liberando calor até consumir toda aquela pastilha, até aquela quantidade de urânio que estiver lá, ele vai se partindo e liberando calor, ele se parte em duas o átomo se rompe, só que eles se formam em duas partes que são de massa menor que a original, quer dizer, essa perda de massa se transformou em calor. Essa é a energia nuclear que foi liberada em forma de calor violento. Seria a fissão nuclear, ele se transforma em dois átomos menores mais libera uma quantidade enorme de calor ao perder essa massa ai, e essas bolinhas individuais são os nêutrons, o nêutron sai dela para atingir o outro (Figura 20).

B: É bastante interessante a maquete, bem feita, da para entender bem.

O Trecho 17 explicita uma explicação apresentada para B. Para tanto, a maquete construída a fim de representar o bombardeamento por nêutrons do núcleo atômico foi utilizada. Enquanto explicava oralmente, o licenciando conduzia as mãos de B ao longo dos elementos constituintes da maquete. Isso caracteriza a estrutura empírica da linguagem como "tátil-auditiva interdependente". A informação em foco analítico refere-se à ideia de calor como um subproduto do bombardeamento do núcleo atômico. Tal significado, do ponto de vista semântico-sensorial, é indissociável de representações táteis, e, portanto, mostrou-se plenamente acessível ao discente B.

No Quadro 43 sintetizo as linguagens geradoras de viabilidades comunicacionais.

Quadro 43 – Síntese e características das linguagens geradoras de viabilidades comunicacionais (grupo de física moderna)

Linguagem	Porcentagem aproximada	Característica peculiar	Recurso instrucional mais empregado
Linguagem 8	21%	Projeção e descrição oral de significados de relacionabilidade sensorial secundária	Data show
Linguagem 9	19%	Condução das mãos do aluno em maquete	Maquetes tátil-visuais
Linguagem 10	17%	Recorrência à "imagens não visuais mentais"	Não utilizado
Linguagem 11	16%	Indicar oralmente frases projetadas	Data show
Linguagem 12	10%	Abordagem oral de significados de relação sensorial secundária	Não utilizado
Linguagem 13	6	Projeção e descrição oral de significados indissociáveis de representações não visuais	Data show
Linguagem 14	4%	Abordagem oral de significados sem relação sensorial	Não utilizado
Linguagem 15	4%	Projeção e descrição oral de significados sem relação sensorial	Data show
Linguagem 16	2%	Descrição oral de significados não visuais	Não utilizado
Linguagem 17	1%	Abordagem oral e tátil de significados indissociáveis de representações não visuais	Maquetes tátil-visuais
Total de viabilidades (vertical)	222 (100%)	X	X

Relação entre linguagem e contexto comunicacional

Retomando, a quantidade de dificuldades comunicacionais identificadas foi de 97 (sete perfis linguísticos). Já a de viabilidades. foi de 222 (dez perfis linguísticos). Oitenta e três por cento do conjunto de dificuldade/viabilidade ocorreram em episódios comuns a todos os alunos, e 17%, em episódios particulares.

Ao combinar os momentos e os padrões discursivos, obtive cinco contextos comunicacionais, a saber: episódio não interativo/de autoridade; episódio particular interativo/de autoridade; episódio interativo/dialógico; episódio interativo/de autoridade; e episódio particular não interativo/de autoridade.

Oitenta e cinco por cento da ocorrência de episódios comuns ficou caracterizada por relações discursivas não interativas/de autoridade; 9%, por relações discursivas interativas/dialógicas; e 6%, por relações discursivas interativas/de autoridade. Já 76% das ocorrências de episódios particulares ficaram caracterizadas por relações discursivas interativas/de autoridade; e 24%, por relações discursivas não interativas/de autoridade.

Os números apresentados contribuem para o entendimento da organização das atividades em relação à presença de B, que se deu, na grande maioria das vezes, em atividades comuns a todos os discentes, e, em determinadas ocasiões, em atividades particulares. Indicam ainda o perfil discursivo das atividades, fundamentado, majoritariamente, em argumentação retórica e de forma minoritária, em argumentações dialógicas e socráticas.

Na sequência, explicito, respectivamente, as relações: contexto comunicacional/linguagem geradora de dificuldade e contexto comunicacional/linguagem geradora de viabilidade.

Contexto comunicacional/linguagem geradora de dificuldades

O Quadro 44 contém a relação entre contexto comunicacional e linguagem geradora de dificuldade comunicacional.

226 EDER PIRES DE CAMARGO

Quadro 44 – Relaciona as variáveis: contexto comunicacional e linguagens inacessíveis (grupo de física moderna)

Contexto comunicacional (direita) Linguagem (abaixo)	Episódio não interativo/ de autoridade	Episódio interativo/de autoridade	Episódio particular não interativo/de autoridade	Episódio interativo/dialógico	Episódio particular interativo/ de autoridade	Frequência /horizontal
Audiovisual interdependente/ significado vinculado às representações visuais	61	2	0	1	0	64
Auditiva e visual independentes/ significado vinculado às representações visuais	10	0	0	0	0	10
Fundamental auditiva/ significado vinculado às representações visuais	1	2	2	1	1	7
Fundamental auditiva/ significado indissociável de representações visuais	1	2	2	1	0	6
Audiovisual interdependente/ significado indissociável de representações visuais	4	1	0	0	0	5

continua

SABERES DOCENTES PARA A INCLUSÃO DO ALUNO... 227

Contexto comunicacional (direita) Linguagem (abaixo)	Episódio não interativo/ de autoridade	Episódio interativo/de autoridade	Episódio particular não interativo/de autoridade	Episódio interativo/dialógico	Episódio particular interativo/ de autoridade	Frequência /horizontal
Auditiva e visual independentes/ significado indissociável de representações visuais	4	0	0	0	0	4
Fundamental visual/ significado vinculado às representações visuais	1	0	0	0	0	1
Frequência vertical	82	7	4	3	1	97

A análise do Quadro 44 indica que perfil linguístico gerador de dificuldade mostrou-se mais comum em determinado contexto comunicacional. Vamos a ela.

Episódio não interativo/de autoridade

Nesse contexto, 74% das dificuldades estiveram relacionadas ao emprego de linguagem audiovisual interdependente/significado vinculado às representações visuais; 12%, ao emprego de linguagem auditiva e visual independentes/significado vinculado às representações visuais; 5%, respectivamente, ao emprego das linguagens auditiva e visual independentes/significado indissociável de representações visuais e audiovisual interdependente/significado indissociável de representações visuais; além de 1%, respectivamente, ao emprego das linguagens fundamental visual/significado vinculado às representações visuais, fundamental auditiva/significado vinculado às representações visuais e fundamental auditiva/significado indissociável de representações visuais.

Em termos estruturais, as dificuldades identificadas estiveram relacionadas a duas características predominantes: (a) utilização de

228 EDER PIRES DE CAMARGO

linguagem de estrutura empírica audiovisual interdependente; e (b) abordagem de significados vinculados às representações visuais.

Episódio interativo/de autoridade

No presente contexto, 27% das dificuldades estiveram, respectivamente, relacionadas ao emprego das linguagens audiovisual interdependente/significado vinculado às representações visuais, fundamental auditiva/significado vinculado às representações visuais e fundamental auditiva/significado indissociável de representações visuais. Além disso, 14% das dificuldades estiveram relacionadas ao emprego da linguagem audiovisual interdependente/significado indissociável de representações visuais.

As dificuldades identificadas no presente contexto estiveram relacionadas a duas características majoritárias: (a) emprego discretamente predominante de linguagem de estrutura empírica fundamental auditiva; e (b) veiculação discretamente predominante dos significados vinculados às representações visuais.

Episódio particular não interativo/de autoridade

Aqui, 50% das dificuldades estiveram, respectivamente, relacionadas ao emprego das linguagens fundamental auditiva/significado vinculado às representações visuais e fundamental auditiva/significado indissociável de representações visuais.

Em termos estruturais, as dificuldades identificadas estiveram relacionadas a uma característica predominante, ou seja, 100% de emprego de linguagem de estrutura empírica fundamental auditiva.

Episódio interativo/dialógico

Nesse contexto comunicacional, 33% das dificuldades estiveram, respectivamente, relacionadas ao emprego das linguagens audiovisual interdependente/significado vinculado às representações visuais, fundamental auditiva/significado vinculado às representações visuais e fundamental auditiva/significado indissociável de representações visuais.

Do ponto de vista estrutural, duas características predominantes podem ser destacadas: (a) emprego majoritário de linguagem de estrutura empírica fundamental auditiva; e (b) veiculação majoritária dos significados vinculados às representações visuais.

Episódio particular interativo/de autoridade

Cem por cento das dificuldades inerentes a esse contexto comunicacional estiveram relacionadas ao emprego de linguagem fundamental auditiva/significado vinculado às representações visuais.

Esses números indicam oito características marcantes das dificuldades comunicacionais do grupo de física moderna:

a) presença majoritária de dificuldades relacionadas à estrutura empírica audiovisual interdependente;

b) presença majoritária de dificuldades relacionadas aos significados vinculados às representações visuais;

c) a relação: episódio não interativo/linguagem de estrutura empírica audiovisual interdependente mostrou-se significativa para o conjunto de dificuldades;

d) significados indissociáveis de representações visuais participaram de forma minoritária no conjunto de dificuldades comunicacionais;

e) ocorrência discreta de dificuldades em episódios particulares;

f) episódios comuns a todos os alunos caracterizaram-se majoritariamente pelo emprego de linguagem de estrutura empírica audiovisual interdependente;

g) a interatividade mostrou-se fator minoritário de dificuldades;

h) verificação discreta de dificuldades provenientes da relação: interatividade/linguagens de estruturas empíricas auditiva e visual independentes e fundamental auditiva.

Contexto comunicacional/linguagem geradora de viabilidades

O Quadro 45 explicita a relação entre contexto comunicacional e linguagem geradora de viabilidade, bem como o impacto quantitativo dessa relação.

230 EDER PIRES DE CAMARGO

Quadro 45 – Relaciona as variáveis: contexto comunicacional e linguagens acessíveis (grupo de física moderna)

Contexto comunicacional (direita) Linguagem (abaixo)	Episódio não interativo/de autoridade	Episódio particular interativo/de autoridade	Episódio interativo/dialógico	Episódio interativo/de autoridade	Episódio particular não interativo/de autoridade	Frequência/horizontal
Auditiva e visual independentes/ significado de relacionabilidade sensorial secundária	46	0	0	0	0	46
Tátil-auditiva interdependente/ significado vinculado às representações não visuais	2	34	0	0	7	43
Fundamental auditiva/ significado vinculado às representações não visuais	18	3	12	5	0	38
Auditiva e visual independentes/ significado vinculado às representações não visuais	37	0	0	0	0	37
Fundamental auditiva/ significado de relacionabilidade sensorial secundária	16	0	1	4	2	23

continua

Contexto comunicacional (direita) Linguagem (abaixo)	Episódio não interativo/de autoridade	Episódio particular interativo/de autoridade	Episódio interativo/dialógico	Episódio interativo/de autoridade	Episódio particular não interativo/de autoridade	Frequência/ horizontal
Auditiva e visual independentes/ significado indissociável de representações não visuais	13	0	0	0	0	13
Fundamental auditiva/ significado sem relação sensorial	2	1	4	1	0	8
Auditiva e visual independentes/ significado sem relação sensorial	8	0	0	0	0	8
Fundamental auditiva/ significado indissociável de representações não visuais	1	0	3	0	0	4
tátil-auditiva interdependente/ significado indissociável de representações não visuais	0	2	0	0	0	2
Frequência Vertical	143	40	20	10	9	222

A análise do Quadro 45 indica que perfil linguístico gerador de viabilidade mostrou-se mais comum em determinado contexto comunicacional.

Episódio não interativo/de autoridade

Nesse contexto, 32% das viabilidades estiveram relacionadas ao emprego de linguagem auditiva e visual independentes/significado de relacionabilidade sensorial secundária; 26%, ao emprego de linguagem auditiva e visual independentes/significado vinculado às representações não visuais; 13%, ao emprego de linguagem fundamental auditiva/significado vinculado às representações não visuais; e 11%, ao emprego de linguagem fundamental auditiva/significado de relacionabilidade sensorial secundária. Ainda, 9% das viabilidades estiveram relacionadas ao emprego de linguagem auditiva e visual independentes/significado indissociável de representações não visuais; 6%, ao emprego de linguagem auditiva e visual independentes/significado sem relação sensorial; e 1%, respectivamente, ao emprego das linguagens tátil-auditiva interdependente/significado vinculado às representações não visuais e fundamental auditiva/significado sem relação sensorial. Por fim, 1% das viabilidades esteve relacionado ao emprego da linguagem fundamental auditiva/significado indissociável de representações não visuais. Lembrando, essas porcentagens, assim como as anteriores e as que virão são aproximadas.

Em termos estruturais, as viabilidades identificadas estiveram relacionadas a duas características predominantes: (a) utilização majoritária de linguagem de estrutura empírica auditiva e visual independentes; e (b) abordagem de significados de relacionabilidade sensorial secundária (44%) e vinculados às representações não visuais (40%).

Episódio particular interativo/de autoridade

Aqui, 85% das viabilidades estiveram relacionadas ao emprego de linguagem tátil-auditiva interdependente/significado vinculado às representações não visuais; 7%, ao emprego de linguagem fundamental auditiva/significado vinculado às representações não visuais; 5%, ao emprego de linguagem tátil-auditiva/significado indissociável de representações não visuais; e 2%, ao emprego de linguagem fundamental auditiva/significado sem relação sensorial.

Duas características podem ser destacadas: (a) utilização majoritária de linguagem de estrutura empírica tátil-auditiva interdependente; e

SABERES DOCENTES PARA A INCLUSÃO DO ALUNO... 233

(b) veiculação majoritária dos significados vinculados às representações não visuais. Sintetizando, nos episódios particulares interativos/de autoridade predominou a utilização de maquetes tátil-visuais (ver Figuras 18 a 23).

Episódio interativo/dialógico

No presente contexto, 60% das viabilidades estiveram relacionadas ao emprego de linguagem fundamental auditiva/significado vinculado às representações não visuais; 20%, ao emprego de linguagem fundamental auditiva/significado sem relação sensorial; 15%, ao emprego de linguagem fundamental auditiva/significado indissociável de representações não visuais; e 5%, ao emprego de linguagem fundamental auditiva/significado de relacionabilidade sensorial secundária.

Em termos estruturais, as viabilidades identificadas estiveram relacionadas a duas características predominantes: (a) emprego exclusivo de linguagem de estrutura empírica fundamental auditiva; e (b) veiculação majoritária de significados vinculados às representações não visuais.

Episódio interativo/de autoridade

Aqui, 50% das viabilidades estiveram relacionadas ao emprego de linguagem fundamental auditiva/significado vinculado às representações não visuais; 40%, ao emprego de linguagem fundamental auditiva/significado de relacionabilidade sensorial secundária; e 10%, ao emprego de linguagem fundamental auditiva/significado sem relação sensorial.

Destaco aqui a utilização exclusiva de linguagem de estrutura empírica fundamental auditiva e a veiculação predominante dos significados vinculados às representações não visuais.

Episódio particular não interativo/de autoridade

Nesse contexto, 78% das viabilidades estiveram relacionadas ao emprego de linguagem tátil-auditiva interdependente/significado vinculado às representações não visuais; e 22%, ao emprego de linguagem fundamental auditiva/significado de relacionabilidade sensorial secundária.

Esse contexto também apresentou significativa relação entre a estrutura empírica tátil-auditiva interdependente e a veiculação dos significados vinculados às representações não visuais.

Os números explicitados indicam oito características marcantes das viabilidades comunicacionais do grupo de física moderna:

a) predominância de viabilidades nos contextos comunicacionais comuns a todos os discentes;

b) predominância, nos contextos comuns a todos os discentes, do emprego das estruturas empíricas: auditiva e visual independentes e fundamental auditiva;

c) predominância de viabilidades relacionadas, respectivamente, aos significados vinculados às representações não visuais e de relacionabilidade sensorial secundária (conteúdos factuais);

d) os elementos "não interatividade" e "autoridade" mostraram-se adequados à veiculação de significados de relacionabilidade sensorial secundária e vinculados às representações não visuais;

e) os elementos "episódios particulares" e "interatividade" facilitaram a utilização de linguagens de estrutura empírica tátil-auditiva interdependente, bem como, a veiculação de significados vinculados às representações não visuais;

f) ocorrência minoritária de viabilidades relacionadas à veiculação dos significados sem relação sensorial e indissociáveis de representações não visuais;

g) significativa relação entre os elementos "interatividade" e "dialogicidade" e o emprego de linguagem de estrutura empírica fundamental auditiva;

h) não ocorrência da relação: viabilidade/estrutura empírica audiovisual interdependente.

Passo agora para a análise das classes que representaram viabilidade ou dificuldade de inclusão.

Classes que representam dificuldade ou viabilidade à inclusão do aluno com deficiência visual

Dificuldade segregação

Identifiquei esse perfil de dificuldade em treze ocasiões. O Quadro 46 apresenta um panorama sintético da dificuldade de segregação para o grupo de física moderna.

Quadro 46 – Síntese das atividades segregativas e principais realizadas simultaneamente (grupo de física moderna)

Tema: atividade segregativa	Tema: atividade principal	Recurso instrucional: atividade segregativa	Recurso instrucional: atividade principal	Interatividade: atividade segregativa	Interatividade: atividade principal
Atividade 1: trajetória da partícula e interferência de ondas	Ondas não têm massa	Maquetes táteis (Figuras 18 e24)	Data show	Interativo	Não interativo
Atividade 2: raios catódicos e x	Aspectos históricos da física	Não utilizado	Data show	Não interativo	Não interativo
Atividade 3: explicação do modelo atômico de Rutherford	Explicação de alguns experimentos da descoberta da radioatividade	Maquete tátil (Figura 21)	Data show	Interativo	Não interativo
Atividade 4: efeito fotoelétrico	Descoberta do efeito fotoelétrico	Maquete tátil (Figura 27)	Data show	Não interativo	Não interativo
Atividade 5: gráfico do efeito fotoelétrico	Efeito fotoelétrico	Maquete tátil (Figura 22)	Data show	Interativo	Não interativo
Atividade 6: difração da luz e interferência construtiva e destrutiva	Interferência construtiva e destrutiva	Maquete tátil (Figura 25)	Data show	Interativo	Não interativo

continua

Tema: atividade segregativa	Tema: atividade principal	Recurso instrucional: atividade segregativa	Recurso instrucional: atividade principal	Interatividade: atividade segregativa	Interatividade: atividade principal
Atividade 7: interferência construtiva e destrutiva de ondas na água	Interferência construtiva e destrutiva	Maquete tátil (Figura 18)	Data show	Interativo	Não interativo
Atividade 8: caráter dual da luz	Caráter dual dos elétrons	Não utilizado	Data show	Interativo	Não interativo
Atividade 9: velocidade da onda	Velocidade da partícula	Não utilizado	Data show	Interativo	Não interativo
Atividade 10: velocidade da partícula	Velocidade da onda	Não utilizado	Data show	Interativo	Não interativo
Atividade 11: orbitais atômicos	Princípio da incerteza	Maquete tátil (Figura 19)	Data show	Interativo	Não interativo
Atividade 12: discussão do experimento de Rutherford	Reação nuclear	Maquete tátil (Figura 26)	Data show	Interativo	Não interativo
Atividade 13: decaimento do rádio	Física nuclear	Maquete tátil (Figura 23)	Data show	Interativo	Não interativo

Dificuldade operação matemática

Foi identificada em seis ocasiões. As dificuldade foram identificadas em atividades realizadas predominantemente em episódios não interativos e com o emprego de linguagem de estrutura empírica audiovisual interdependente. Fundamenta-se na relação triádica caracterizadora das operações matemáticas, ou seja, simultaneidade entre raciocínio, registro do cálculo e sua observação.

Os cálculos não realizados por B estiveram relacionados aos seguintes temas: utilização da equação da velocidade média para o cálculo da dilatação do tempo; cálculo da energia de um corpo de massa 1 kg ($E = m\,c^2$); cálculos das velocidades de ondas e partículas; relação matemática entre momento linear e comprimento de onda; cálculo do comprimento de onda de uma bola de Beisebol; e cálculo do número de nêutrons do elemento ferro.

Dificuldade simulação computacional

Foi identificada em três ocasiões. Esteve ligada à projeção demonstrativa de situações hipotéticas (objetos à velocidade próximas e iguais à da luz, pessoa em elevador em queda livre e em nave espacial e dilatação do espaço). Tal dificuldade ocorreu em episódios não interativos e com o emprego de linguagem de estrutura empírica audiovisual interdependente.

Dificuldade experimento

Identifiquei esse perfil em uma ocasião. Esteve relacionado à realização de experimento demonstrativo, em episódio não interativo e com o emprego de linguagem de estrutura empírica audiovisual interdependente.

O experimento realizado foi o seguinte: experimento imaginário deformação espaço tempo. Quatro alunos videntes participaram do experimento. Os materiais utilizados foram os seguintes: toalha, uma maçã e chicletes. Forma de realização: (1) os alunos seguraram a toalha aberta em suas pontas; (2) o licenciando colocou a maçã no centro da toalha; (3) ocorreu a deformação da toalha; (4) o licenciando jogou os chicletes que foram ao encontro da maçã. A única forma de observação do experimento era a visual. A partir disso, ocorreu a argumentação do licenciando de que assim como a toalha deforma-se pela presença da maçã, o espaço e o tempo também se deformarão pela presença de objetos maciços como a Terra.

Dificuldade operação de software

Assim como a dificuldade de experimento, a presente também foi identificada em uma ocasião. Refere-se à não participação efetiva do aluno com deficiência visual em atividade que utilizou o CD "Tópicos de Física Moderna" (Machado, 2006). Esse software apresenta conteúdos de física moderna por meio de textos que podem ser acessados por temas explicitados em ícones na tela do computador. A variedade de temas permite aos alunos certa autonomia no direcionamento dos conteúdos que pretendem estudar, já que, para cada texto acessado, uma variedade de ícones com temas relacionados ao conteúdo lido surge ao lado do texto. Dessa forma, se um aluno está interagindo no computador com textos ou figuras relacionadas a um determinado tema e se interessa por outro apresentado na tela por meio dos ícones, ele pode clicar com o mouse o tema de seu interesse e o computador mostra na tela outro texto sobre o tema escolhido e fornece novamente ao usuário as opções de outros temas. Entretanto, como o discente B é cego, ele não pôde ler nem acessar os ícones do programa. Nesse contexto, o referido aluno encontrou-se numa condição de inoperabilidade mediante o programa educacional. Esse tipo de dificuldade esteve ligada à manipulação individual dos aplicativos do referido CD, em episódios não interativos e com o emprego de linguagem de estrutura empírica fundamental visual.

Viabilidade utilização de materiais

Verificada em oito ocasiões, refere-se à utilização, junto aos alunos videntes, das maquetes desenvolvidas para o ensino do aluno com deficiência visual. Tal utilização ocorreu com o emprego de linguagem de estrutura empírica audiovisual interdependente e em episódios não interativos.

Oito foram as maquetes tátil-visuais utilizadas: (a) trajetória parabólica do lançamento de uma bola (Figura 24); (b) interferência construtiva e destrutiva de ondas (Figura 18); (c) experimento que evidenciou o efeito fotoelétrico (Figura 27); (d) gráficos das explicações clássica e quântica para o efeito fotoelétrico (Figura 22); (e) difração e interferência de ondas (Figura 25); (f) modelo atômico de Rutherford (Figura 21); (g) experimento de Rutherford (Figura 26); e (h) reação nuclear (Figura 20).

Figura 24 – Registro bidimensional da trajetória do lançamento oblíquo de um objeto.

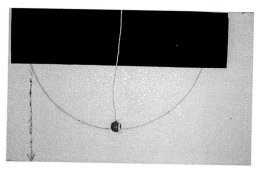

Figura 25 – Registro tátil-visual tridimensional do fenômeno de difração/interferência da luz (difração de Young).

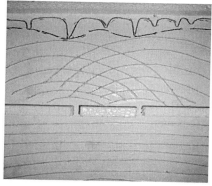

Figura 26 – Registro tátil-visual tridimensional do experimento de Rutherford.

Figura 27 – Registro tátil-visual bidimensional do experimento que evidenciou o efeito fotoelétrico.

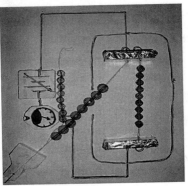

Viabilidade apresentação de modelos

Foi identificada em duas ocasiões. Refere-se à apresentação, por parte do aluno cego, de modelos explicativos para a atração dos corpos (tema abordado no contexto da física moderna). Ocorreu em episódios interativos e com o emprego de linguagem de estrutura empírica fundamental auditiva. Nesses ambientes, os alunos com e sem deficiência visual alternaram-se como interlocutores.

Os modelos por ele apresentados foram os seguintes:

a) modelo explicativo para a queda da maçã: *"B: você joga a maçã e ela vai até cair, porque a terra tende a puxar as coisas, a terra tende a puxar a maçã com a força da gravidade, e também tem a força de atrito de frente, então você joga a maçã e chega uma hora que ela perde a força e vai cair"*;

b) atração entre a terra e os raios solares: *"A-v: você entendeu o que ele perguntou? B: Porque não é atraída pelo sol? Não é imã! A terra é que puxa os raios solares não é? A-v: Você acha isto? B: Ou a terra puxa ou ele entra por sua livre e espontânea vontade, tipo entra sozinho, ele sai de lá e entra na terra, ou a terra o puxa tipo um imã, puxa a radiação"*.

Viabilidade peça teatral (Luz: onda ou partícula?)

Foi verificada em uma ocasião. Ocorreu em episódio interativo e com o emprego de linguagem de estrutura empírica fundamental auditiva. Desenvolveu-se em quatro etapas: (1) licenciandos atuam como atores e apresentam um julgamento da luz (onda ou partícula?). Características gerais da peça: cenário: superior tribunal de justiça física. Personagens: juiz físico, advogado clássico, promotor quântico, réu (a luz), meirinha (pessoa que vai anunciar a entrada do juiz) e corpo de jurados – os alunos; (2) discentes com e sem deficiência visual reúnem-se em grupo para discutir se a luz é culpada ou inocente; (3) os grupos apresentam o resultado das discussões; (4) o juiz da o veredicto final.

Como no ambiente que ocorreu a peça os alunos com e sem deficiência visual alternaram a função de interlocutor, o discente cego teve condições de participação efetiva.

Na sequência, apresento na íntegra a transcrição da peça. Destaco que ela foi elaborada pelos licenciandos do grupo de física moderna em parceria com um professor do Departamento de Física da Unesp de Bauru.

Luz: onda ou partícula?

Cenário: Superior Tribunal de Justiça Física
No Tribunal, o advogado, o Promotor e a Ré se encontram sentados enquanto aguardam o Exmo. Sr. Juiz Físico quando o Meirinho entra na sala e anuncia a entrada do mesmo.

MEIRINHO: Boa noite a todos, hoje nós teremos a apresentação de uma peça teatral cujo título é "LUZ: ONDA OU PARTÍCULA?". Essa peça se passa em um tribunal, o SUPERIOR TRIBUNAL DE JUSTIÇA FÍSICA onde vocês, alunos, serão o corpo de jurados e irão decidir o fim desta história, com base no convencimento que tiverem das argumentações levantadas pelas partes de acusação e defesa no decorrer do julgamento. Por isso, estejam atentos. Vamos começar o julgamento: todos de pé para a entrada do Excelentíssimo Juiz Físico.

Todos ficam em pé e em silêncio. Depois que o juiz se senta todos sentam também.

JUIZ FÍSICO: Declaro aberta a seção 3×10^8 m/s. O mundo da Física contra a Luz. Senhor Advogado Clássico, como sua cliente se declara em relação à acusação de fraude sobre seu caráter?

ADVOGADO CLÁSSICO: Gostaria de deixar bem claro, Excelência, que minha cliente é inocente. As acusações feitas contra ela não procedem. Minha cliente, a Luz, SÓ tem um comportamento, o de onda eletromagnética.

JUIZ FÍSICO: Então damos início a este julgamento. Senhor Advogado Clássico, comece a defesa.

ADVOGADO CLÁSSICO: A Luz é conhecida por todos nós como uma onda eletromagnética. Ela tem uma equação de onda bem definida e produz um padrão de interferência ao passar pela dupla fenda algo que uma partícula jamais poderia produzir. Isso basta para caracterizar minha cliente, a Luz, como definitivamente uma onda.

JUIZ FÍSICO – Senhor Promotor...

PROMOTOR QUÂNTICO: Obviamente o meu colega aqui é um clássico e não está lá muito preparado para entender o comportamento da Luz. Senhoras e Senhores do Júri, Excelência (vira-se para a Luz e aponta o dedo), esta Senhora, a Luz, está mentindo a respeito do seu comportamento. Ela não é SÓ uma onda.

ADVOGADO CLÁSSICO: PROTESTO.

JUIZ FÍSICO: Protesto negado. Prossiga Senhor Promotor.

PROMOTOR QUÂNTICO: A Luz, após o advento da Física Quântica, foi submetida a alguns testes que explicaram o seu comportamento obscuro. O primeiro deles foi o experimento de difração, onde a Luz apresentou comportamento efetivamente ondulatório. Mas, no segundo, o Efeito Fotoelétrico, ela se comportou como uma partícula. Senhores usem o bom senso, a Luz tem caráter dual, sim! Dualidade onda-partícula. Aliás, esse caráter já ficou evidenciado na teoria de Einstein sobre o efeito fotoelétrico muitos anos antes de Louis de Broglie enunciar a dualidade também para as partículas materiais.

JUIZ FÍSICO: Senhor Advogado.

ADVOGADO CLÁSSICO: Gostaria de chamar a Ré, a Senhora Luz, para depor (*ainda de pé*).

MEIRINHO (*levanta a mão direita e diz*): A Senhora Luz jura dizer a verdade, somente a verdade, nada mais que a verdade?

LUZ: JURO!

ADVOGADO CLÁSSICO: Senhora Luz, a Senhora está sendo acusada de ter caráter dual. Sabe-se que foram realizados alguns testes sobre o seu caráter e gostaríamos todos de saber sobre os resultados desses experimentos. Primeiro, gostaria que nos falasse sobre a Difração de Young. Descreva-nos como aconteceu.

LUZ: Eu estava monocromática quando fui incidida através de um orifício em um lugar cheio de fendas, por onde passei, porque – É claro, eu sou uma onda! Então, o doutor Young pôde ver minhas franjas de interferência no anteparo. Eu achei que já estiveram bem melhores, mas...

ADVOGADO CLÁSSICO: Então quer dizer que você passou por mais de uma fenda ao mesmo tempo?

LUZ: Claro! Isso pode ser provado pelas interferências construtivas que são as franjas claras e pelas destrutivas que são as franjas escuras. Está tudo no anteparo, vocês podem ver.

O advogado clássico mostra a maquete tátil-visual da representação do fenômeno de interferência para o júri, para os discentes videntes e também para os discentes com deficiência visual (Figura 25) – observação tátil.

ADVOGADO CLÁSSICO: Claro! Claro! Senhores, como todos sabem, só, eu disse só, uma onda poderia fazer isso.

PROMOTOR QUÂNTICO: Ah... Mas ainda não acabou! Temos ainda o experimento do Efeito Fotoelétrico.

Congela a cena. Ocorre um diálogo entre a Luz e o Advogado enquanto os outros personagens permanecem inertes.

ADVOGADO CLÁSSICO: E agora? Esse promotorzinho vai perguntar sobre o Efeito Fotoelétrico. O que vamos fazer?

LUZ: Calma! Vamos lembrar o que aconteceu naquele dia. Eu estava monocromática e estava tudo no vácuo quando fui incidida sobre uma placa de metal. Alguns elétrons do metal foram libertados e atraídos para o coletor metálico por uma diferença de potencial estabelecida entre a placa e o coletor. Foi então feita uma medida da corrente.

ADVOGADO CLÁSSICO: Houve emissão do que posso chamar fotoelétrons devido a sua incidência?

LUZ: Sim. E o que foi percebido é que a energia com que o mais rápido fotoelétron saía da placa não dependia da minha intensidade, não! Tentaram me enquadrar na Teoria ondulatória, mas não deu certo.

ADVOGADO CLÁSSICO: Também consta no laudo que existe uma frequência de corte para a qual o Efeito Fotoelétrico não ocorre, o que não poderia acontecer.

LUZ: Ah... Eles acharam que se eu estivesse fraca o suficiente demoraria para o fotoelétron sair da placa, só que isso não aconteceu também!

ADVOGADO CLÁSSICO: Você não obedeceu às leis da Teoria Ondulatória! Portanto, só pode se tratar de uma partícula... Oh, céus! Aí estaremos perdidos.

Descongela a cena.

PROMOTOR QUÂNTICO: O Senhor Advogado Clássico está se esquecendo de Albert Einstein. Afinal, foi ele quem se ocupou em dar uma explicação plausível a tudo isso. Recorreu à Teoria Quântica de Max Planck. Eles disseram que quando a Luz estava se propagando no espaço ela era, sim, uma onda. Mas... Mas, quando atingia a placa no efeito fotoelétrico, sua energia era a do fóton, porque SIM, Senhores, o que havia lá não era uma onda, eram fótons: partículas associadas ao campo eletromagnético, com massa em repouso nula, carga elétrica nula, spin igual à unidade, estável, e cuja energia é igual ao produto da constante de Planck pela frequência do campo, não é Senhora Luz?

LUZ: Pode ser que sim!...

PROMOTOR QUÂNTICO: PROTESTO! A Senhora Luz não está sendo objetiva.

JUIZ FÍSICO: Protesto aceito. Senhora Luz, responda objetivamente à pergunta.

LUZ: Sim, havia fótons lá.

PROMOTOR QUÂNTICO: Como dizia, se havia fótons lá... Sem mais perguntas, Excelência.

ADVOGADO CLÁSSICO: Assim a teoria corpuscular não poderia ser descartada. (*conclui com cara de desespero*)

JUIZ FÍSICO: Senhor Advogado Clássico, mais alguma pergunta?

ADVOGADO CLÁSSICO: Acho que não, Excelência.

LUZ: Ah... Está bem! Eu confesso! Não sei o que sou! Pronto!

PROMOTOR QUÂNTICO: Eu sabia. Senhor Juiz, condene a Luz à reclusão total.

JUIZ FÍSICO: Silêncio no Tribunal. Senhor Promotor, da sentença cuido EU! Continue, Senhora Luz.

LUZ: Tudo o que foi dito sobre mim é verdade. Eu não sei se sou uma onda ou uma partícula. Tudo depende do tipo de medida que se quer fazer. Se a medida prova meu caráter ondulatório, esta mesma medida não prova o meu caráter de partícula, e, vice-versa. Preciso que o júri me ajude a entender o que sou!

JUIZ FÍSICO: Diante dos acontecimentos, declaro o Júri em recesso por 30 minutos para que os senhores Jurados decidam se a Senhora Luz é inocente ou culpada.

Finalização da peça – Decisão do júri.

MEIRINHO: Peço que os representantes de cada grupo já fiquem prontos para anunciar a decisão e a justificativa. Vamos reiniciar o julgamento. Todos em pé para a entrada do Excelentíssimo Juiz Físico.

JUIZ FÍSICO: Peço que os representantes do Corpo de Jurados venham à frente para lerem suas decisões.

JURI (*cada representante lê a decisão e a justificativa do grupo e a Luz é condenada ou liberta*).

FINAL 1 – A LUZ É INOCENTE

JUIZ FÍSICO: Levante-se a ré. De acordo com o Júri, a Luz é inocentada da acusação. Portanto, não há punição. (*Bate o martelo uma vez*)

Luz (*cantando perto do promotor*): Inocente! Inocente!

PROMOTOR QUÂNTICO: Tomara que você apague!

O professor anuncia o fim da encenação e esclarece para os alunos que, embora eles tenham inocentado a Luz, essa apresenta comportamento dual, pode se comportar como onda ou como partícula, dependendo da forma como é feita a medida.

FINAL 2 – A LUZ É CULPADA

Para simbolizar a punição da ré, foram coladas na roupa duas folhas sulfite coloridas (uma folha na parte da frente e a outra na parte de trás) com o seguinte dizer: na primeira folha deve ser escrito ONDA e na segunda folha PARTÍCULA. Isso chamaremos de sinalizador.

JUIZ FÍSICO: Levante-se a ré. De acordo com o Júri, a Luz é culpada da acusação e terá que andar com este sinalizador para o resto de sua existência. (*Bate o martelo uma vez e a Luz se levanta, veste o sinalizador meneando a cabeça cabisbaixa com vergonha e sai falando:* "Hora me comporto como onda, hora como partícula...").

246 EDER PIRES DE CAMARGO

O professor anuncia o fim da encenação e ressalta a todos que a Luz tem comportamento dual.

Sintetizando, apresento os Quadros 47 e 48. Esses quadros explicitam as classes de dificuldades e viabilidades, bem como, suas características intrínsecas marcantes.

Quadro 47 – Classes e características intrínsecas das dificuldades de inclusão (grupo de física moderna)

Classe/ dificuldade/ inclusão	Estrutura empírica predominante	Estrutura semântico-sensorial predominante	Contexto predominante
Comunicação	Audiovisual interdependente	Significados vinculados às representações visuais	Episódios não interativos
Segregação	Audiovisual interdependente	Significados vinculados às representações visuais	Episódios não interativos
Operação matemática	Audiovisual interdependente	Significados vinculados às representações visuais	Episódios não interativos
Simulação computacional	Audiovisual interdependente	Significados vinculados às representações visuais	Episódios não interativos
Operação de software	Fundamental visual	Significado vinculado às representações visuais	Episódios não interativos
Experimento	Audiovisual interdependente	Significado vinculado às representações visuais	Episódios não interativos

Quadro 48 – Classes e características intrínsecas das viabilidades de inclusão (grupo de física moderna)

Natureza/ viabilidade/ inclusão	Estrutura empírica predominante	Estrutura semântico-sensorial predominante	Contexto predominante
Comunicação	Auditiva e visual independentes, fundamental auditiva	Significados: vinculados às representações não visuais e de relacionabilidade sensorial secundária.	Episódios não interativos
Utilização de materiais	Audiovisual interdependente	Significados vinculados às representações visuais	Episódios não interativos
Apresentação de modelos	Fundamental auditiva	Significado vinculado às representações não visuais	Episódios interativos
Peça teatral	Fundamental auditiva	Significados vinculados às representações não visuais	Episódio interativo

9
DISCUSSÃO DOS SABERES DOCENTES PARA A INCLUSÃO DO ALUNO COM DEFICIÊNCIA VISUAL EM AULAS DE FÍSICA

Neste capítulo, apresento um conjunto de recomendações à inclusão do aluno com deficiência visual em aulas de física. Elas se fundamentam nas condições de acessibilidade do discente, isto é, a consideração de sua potencialidade sensorial mediante as linguagens e contextos geradores de viabilidade comunicacional. Nesse sentido, as recomendações buscarão contemplar a deficiência visual como um todo, ou seja, alunos cegos de nascimento, alunos que perderam a vista ao longo da vida e alunos com baixa visão. As recomendações apresentadas constituem um corpo de conhecimentos que denominei saberes docentes para a inclusão do deficiente visual em aulas de física. Com a identificação de tais saberes, busco, por um lado, responder em parte aos questionamentos apresentados no Capítulo 1; por outro lado, reconheço que esses saberes não esgotam as possibilidades de viabilidades para a promoção de inclusão de discentes com deficiência visual. Ainda, reconheço a relação entre a promoção de inclusão e o tipo de deficiência e de conteúdo escolar.

Saber sobre a história visual do aluno

O aluno é totalmente cego de nascimento? Perdeu a visão ao longo da vida? Quanto tempo enxergou? Possui resíduo visual? Esse resíduo pode ser utilizado em sala de aula? Em que medida pode ser utilizado? Exemplos: (a) se o aluno não nasceu cego ou possui baixa visão, os significados indissociáveis de representações visuais lhes são potencialmente comunicáveis; (b) dependendo do resíduo visual do aluno, registros visuais ampliados podem ser utilizados nos processos de comunicação; (c) dependendo do resíduo visual do aluno, ele pode observar visualmente alguns fenômenos físicos (como o entortamento aparente de um lápis num copo com água) ou registros visuais provenientes de simulações computacionais, vídeos, esquemas projetados ou desenhados.

Saber identificar a estrutura semântico-sensorial dos significados físicos veiculados

Esse saber é fundamental e será fragmentado em três outros saberes.

Saber que significados vinculados às representações visuais sempre poderão ser registrados e vinculados a outro tipo de percepção (tátil, auditiva etc.)

Esse foi o procedimento adotado pelos licenciandos, já que a grande maioria dos significados veiculados pelas linguagens geradoras de viabilidades foram vinculados a representações não visuais. Observem-se os exemplos comentados na sequência.

Para o caso do eletromagnetismo, como vimos na discussão apresentada no Capítulo 5, não é possível ver, ouvir, tatear, ou seja, estabelecer uma observação empírica direta dos campos elétrico ou magnético, de partículas atômicas ou subatômicas, das cargas elétricas associadas a tais partículas, do fenômeno da corrente elétrica etc. Ideias como as de linha de campo e linha de força foram criadas como um artifício representativo para se criar conhecimentos de algo que não pode ser visto. Significados como os descritos foram responsáveis por 98% das dificuldades comunicacionais identificadas nas atividades de eletromagnetismo. Em outras palavras, as representações externas de construtos abstratos, na maioria das vezes, se dão por meio de registros visuais apresentados em livros, projeções, desenhos na lousa. Dessa forma, a dificuldade comunicacional de tais significados aos alunos com deficiência visual reside na vinculação mencionada. Superar tal dificuldade encontra-se diretamente relacionada à ação de vincular esses significados às representações não visuais. A veiculação mencionada apoiou-se em maquetes e equipamentos multissensoriais e em procedimentos docentes comunicacionais de condução das mãos do discente cego pelo material/equipamento. Tal viabilidade mostrou-se significativa, pois registros dos efeitos dos fenômenos eletromagnéticos são frequentemente tornados visíveis por meio da vinculação ao referencial visual. Quando desvinculados de tal referencial, alunos com deficiência visual passam a ter acesso a eles. Por isso, a estrutura empírica tátil-auditiva interdependente esteve frequentemente relacionada aos significados vinculados às representações não visuais, mostrando-se adequada ao processo de comunicação desses significados ao discente cego.

Para o caso da óptica, é conveniente considerar que, como campo de conhecimento, ela participa de um contexto mais amplo, ou seja, o da ondulatória, e representa, nesse contexto, uma pequena faixa do espectro eletromagnético. A luz enfocada nessa perspectiva não depende de significados indissociáveis de representações visuais, e sim do entendimento de comportamentos geométricos tridimensionais de campos elétricos e magnéticos não visíveis diretamente. Como objeto de ensino e compreensão, tais comportamentos são tornados visíveis por meio de significados vinculados às representações visuais, originando, dessa forma, boa parte das dificuldades comunicacionais entre vidente e deficiente visual.

A reflexão exposta também se aplica à compreensão da luz enquanto constituída por fótons. Tais partículas, por não serem observadas visualmente, também são desprovidas de significados indissociáveis de representações visuais. Ocorre que, para tornarem-se mentalmente representáveis, compreensíveis, muitos dos significados ópticos são visualmente registrados ou esquematizados. Essa ação é transportada à esfera educacional, de tal forma que os registros e esquemas visuais atuam como a base conceitual desses significados. Em geral, uma pessoa se convence que conhece um determinado fenômeno óptico quando constrói representações mentais visuais desse fenômeno. Esse fato, como indica Masini (1994), denota a influência da "cultura de videntes" no âmbito educacional e reflete a crença na objetividade da visão.

Para o caso do grupo de termologia, os significados que representaram dificuldade comunicacionais foram vinculados às representações visuais: esses significados foram responsáveis por 90% das dificuldades comunicacionais. Em outras palavras, na maioria das vezes, as representações externas dos significados de termologia implicadoras de dificuldades se deram por meio de registros visuais apresentados em projeções, desenhos na lousa e observação visual de experimentos.

Saber que significados indissociáveis de representações não visuais, de relacionabilidade sensorial secundária e sem relação sensorial não necessitam de referencial visual para serem compreendidos

Para o grupo de termologia, verifiquei significativa relação entre viabilidades de comunicação e linguagens de estrutura semântico--sensorial indissociável de representações não visuais (em torno de 55%). Isso implica dizer que significados de termologia são fortemente relacionáveis às ideias táteis como quente, frio, calor, sensação térmica. Tais ideias são potencialmente acessíveis para alunos cegos ou com baixa visão, ficando condicionado a acessibilidade à estrutura empírica da linguagem a ser empregada.

Para o grupo de eletromagnetismo, a veiculação dos significados de relacionabilidade sensorial secundária também se mostrou frequente. Tais significados, veiculados predominantemente por linguagens de estruturas empíricas fundamental auditiva e auditiva e visual independentes, deram conta de enfocar conteúdos factuais (Zabala, 1998), ou seja, elementos históricos ilustrativos e aspectos filosóficos sobre o eletromagnetismo. Esses significados mostram-se amplamente acessíveis a discentes cegos ou com baixa visão, já que não exigem representações visuais para o pleno entendimento. Representações distintas da mencionada dão conta de significar o conteúdo abordado. Assim, aulas expositivas com ou sem o apoio de recursos instrucionais visuais representaram viabilidade do ponto de vista da comunicação dos mencionados conteúdos.

Saber que existem fenômenos físicos que não podem ser observados empiricamente, e que, nesse caso, a visão ou qualquer outro sentido não contribui à compreensão deles

Destaco aqui os significados sensorialmente não relacionáveis (campo elétrico, magnético, energia, carga elétrica, massa, tempo etc.). Nesse contexto, é importante diferenciar significados inerentes aos efeitos produzidos pelos campos elétrico e magnético dos significados intrínsecos a esses fenômenos. Os efeitos produzidos pelos campos podem ser externa e internamente representados, ao passo que não é possível observar campos elétricos ou magnéticos. A ideia de campo atua como um construto hipotético para explicar a ação a distância. Qualquer tentativa de representá-lo em forma perceptual sempre será uma tentativa incompleta. Sob esse aspecto, alunos com e sem deficiência visual encontram-se em situação igualitária em relação às possibilidades de entendimento. Trata-se do abstrato, em que representações não correspondem à ideia central. Entretanto, registros e esquematizações visuais são produzidos para efeito instrucional e de conhecimento. A alternativa, em relação aos alunos com deficiência visual, é buscar registros e esquematizações não visuais a eles acessíveis. Observe-se o exemplo:

a noção de campo, para quem nunca teve contato com isto, é mais fácil fazer por analogia, por exemplo, você chega numa sala e sabe que tem um perfume pelo cheiro, sabe que alguém está usando o perfume ou existe um frasco de perfume aberto, você não precisa enxergar ele, não precisa pegar ele, você sentiu o cheiro já sabe que tem alguma coisa ali que está exalando aquilo lá.

Nessa declaração, um dos licenciandos do grupo de eletromagnetismo estabeleceu analogia entre a ideia de campo e a percepção olfativa (perfume exalado de uma pessoa ou frasco). Tal analogia mostrou-se eficaz para a veiculação e o entendimento de propriedades inerentes ao campo (elétrico ou magnético). Contudo, é apenas uma analogia, não pode ser levada "ao pé da letra", exibe aspectos positivos e negativos ao ensino. Saber abordar tais aspectos deve fazer parte do repertório de saberes docentes de um professor de física.

Saber abordar os múltiplos significados de um fenômeno físico

Em particular, esse saber é fundamental ao contexto dos fenômenos de significados indissociáveis de representações visuais e dos alunos cegos de nascimento. Se o aluno é cego de nascimento, é preciso reconhecer que significados indissociáveis de representações visuais não lhes podem ser comunicados. Para ajudar a argumentação referente a possíveis alternativas de superação de dificuldades provenientes desse perfil semântico-sensorial, indico um axioma atribuído aos significados físicos:

Todo fenômeno, em relação aos parâmetros sensorial, social ou abstrato, pode possuir múltiplos significados.

Tomemos como exemplo a cor branca. Do ponto de vista social, essa cor possui significado relacionado à paz. Esse significado não depende de representações mentais sensoriais para seu entendimento. Ele pode também ser entendido em razão de uma representação mental visual, ou seja, relacionar a palavra "branca" a uma representação mental visual de branco (como pensar numa camisa branca). Do ponto de vista da óptica, o branco pode ser entendido como a sobreposição das cores aditivas primárias que compõem o espectro visível da luz. Esse entendimento não depende necessariamente de representações mentais sensoriais de natureza exclusiva.

Para um melhor entendimento do axioma exposto, trago uma analogia[1] entre o ele e a ideia de sobreposição de cores de luz.

Considerem-se três círculos com as cores aditivas primárias de luz, ou seja, vermelho, verde e azul, se sobrepondo em determinadas regiões, como mostra a Figura 28.

Figura 28 – Analogia para o sujeito vidente entre o axioma dos significados físicos e os círculos de cores primárias de luz.

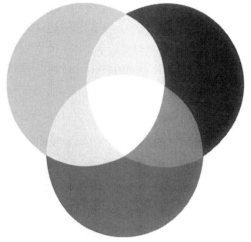

Como mostra a Figura 28, a sobreposição das cores vermelho e azul produz o magenta; a sobreposição das cores vermelho e verde produz o amarelo; a sobreposição das cores azul e verde produz o ciano; e a sobreposição das três cores produz o branco (Hewitt, 2002).

---

1 A analogia apresentada foi proposta inicialmente pelo aluno Ricardo Aparecido Avante do curso de licenciatura em Física da Unesp de Ilha Solteira. Tal proposta ocorreu no dia 17 de março de 2012, durante um debate na disciplina "Atividades experimentais multissensoriais de ciências" sobre o tema do efeito das percepções sensoriais no conhecimento de fenômenos científicos. Depois, adaptei a analogia às teorias de Leontiev e Vigotski.

A analogia é a seguinte. Os círculos em conjunto representam o entendimento global do fenômeno. O vermelho representa o significado indissociável de representação visual; o verde representa um significado de relacionabilidade sensorial secundária (por exemplo, um certo fato histórico); e o azul, um significado sem relação sensorial (por exemplo, um conceito abstrato). A sobreposição das cores representa a relação entre esses significados e a estruturação do entendimento do fenômeno. A analogia indica também o foco mnemônico que o sujeito do conhecimento pode dar. Assim, ele pode pensar nos significados isoladamente ou inter-relacioná-los da forma que desejar. Isso produz a analogia entre significados do fenômeno e as cores complementares magenta, amarelo e ciano e a cor branca. Note-se que o branco representa o máximo de sobreposição entre os significados, mas não o único.

Chamo agora a atenção do leitor para o caso de o sujeito do conhecimento ser totalmente cego de nascimento. Como exemplo, apresento a Figura 29.

Figura 29 – Analogia para o sujeito cego de nascimento entre o axioma dos significados físicos e os círculos de cores primárias de luz.

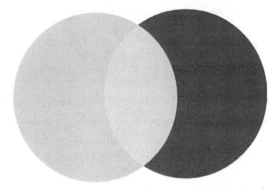

A Figura 29 mostra que o círculo vermelho foi retirado, uma vez que o sujeito cego de nascimento não possui representações mentais de significado indissociável de representações visuais. Ele então constrói significados de relacionabilidade sensorial secundária e sem relação sensorial, além de significado relacionado à sobreposição destes últimos.

Leontiev (1988) nos ajuda a entender melhor esse tema. Suas considerações estão plenamente de acordo com a analogia aqui apresentada. Ele aponta que: "embora os conceitos e os fenômenos sensíveis estejam inter-relacionados por seus significados, psicologicamente eles são categorias diferentes de consciência". Essa ideia está embasada no conceito de funções psicofisiológicas, que vêm a ser as funções fisiológicas do organismo. O grupo inclui as funções sensoriais, as funções mnemônicas e as funções tônicas. Nenhuma atividade psíquica pode ser executada sem o desenvolvimento dessas funções que constituem a base dos correspondentes fenômenos subjetivos de consciência, isto é, sensações, experiências emocionais, fenômenos sensoriais e a memória, que formam a "matéria subjetiva", por assim dizer, a riqueza sensível, o policromismo e a plasticidade da representação do mundo na consciência humana.

A partir disso, conclui Leontiev (1988) que:

> [...] se mentalmente excluirmos a função das cores, a imagem da realidade em nossa consciência adquirirá a palidez de uma fotografia branca e preta. Se bloquearmos a audição, nosso quadro do mundo será tão pobre quanto um filme mudo comparado com o sonoro. Todavia, uma pessoa cega pode tornar-se cientista e criar uma nova teoria, mais perfeita, sobre a natureza da luz, embora a experiência sensível que ela possa ter da luz seja tão pequena quanto aquela que uma pessoa comum tem da velocidade da luz.

É importante destacar também que a audição e o tato não substituem a vista como afirmava a hipótese biológica do século XVIII sobre a cegueira nativa (Vigotski, 1997). Em outras palavras, ouvir e tatear nunca farão o cego ver. O cego somente sabe que não enxerga em razão dos conflitos sociais que enfrenta numa sociedade majoritariamente formada por pessoas videntes. Segundo tal hipótese, assim como ocorre a substituição nos casos dos órgãos pares rins e pulmões, ou seja, quando um deles não funciona o outro exerce suas funções, ocorreria para a ausência de visão. Vigotski trata o tema em outra perspectiva, propondo que aquilo que ocorre no cego é a supercompensação, isto é, para a superação dos conflitos sociais gerados pela cegueira, todo o aparato psíquico e os sentidos remanescentes se articulariam, não para subistituírem a vista, mas para adequar o meio físico e social às condições do sujeito. Em outras palavras, funções psicológicas como a atenção e a memória se concentrariam nas percepções não visuais, o que resultaria num sujeito mais atento auditiva e tatilmente se comparado a um sujeito vidente. Isso não implica dizer que pessoas que enxergam não possam se desenvolver auditiva e tatilmente. Podem e devem. A escola deve ser um lugar para tal desenvolvimento (Soler, 1999).

Volto agora às Figuras 28 e 29 para fazer outra analogia. Considere-se na Figura 28 que o círculo vermelho representa significado visual; o verde, significado auditivo; e o azul, significado tátil acerca do mesmo fenômeno físico. Vale aqui a analogia anterior sobre a sobreposição dos significados, inclusive considerando o significado resultante da sobreposição das três cores como o mais completo.

Considere-se agora o caso do sujeito cego de nascimento. Para tanto, observe-se a Figura 29. Ela indica, nessa nova analogia, a ausência do significado visual, mas indica também a ideia de supercompensação de Vigotski. Ao se excluírem as sobreposições entre as cores dos círculos vermelho e verde e vermelho e azul, restou apenas uma sobreposição, a dos círculos das cores verde e azul. Se, por um lado, isso representa uma menor quantidade de sobreposições, e portanto de significados, por outro, mostra a maior intensidade entre os significados tátil e visual no entendimento do fenômeno, já que a área de sobreposição deles aumentou.

Usei aqui exemplos envolvendo as percepções auditiva e tátil; entretanto, o raciocínio se estende às olfativa e gustativa.

Finalizando, sobre a comunicação de significados indissociáveis de representação visual para pessoas cegas de nascimento, duas recomendações são importantes: (a) saber que essas pessoas não construirão tais significados; e (b) por isso, é necessário enfocar o máximo de significados possíveis ligados ao fenômeno estudado (significados vinculados às representações não visuais, significados indissociáveis de representações não visuais, a aspectos sociais, históricos, tecnológicos etc.).

Saber construir de forma sobreposta registros táteis e visuais de comportamentos/ fenômenos físicos de significados vinculados às representações visuais

É necessário que o docente saiba construir maquetes que descrevam tátil e visualmente comportamentos físicos como desvio sofrido pela luz no fenômeno da refração, comportamento dos raios incidente e refletido nos fenômenos da reflexão regular e difusa, comportamento dos raios incidente e refletido em espelhos planos, esféricos e em lentes etc. O registro tátil e visual simultâneo de fenômenos físicos torna-os acessíveis aos alunos cegos e com baixa visão, além de criar canais de comunicação entre esses alunos, seus colegas videntes e o docente.

Saber destituir a estrutura empírica audiovisual interdependente

Esse saber é fundamental à criação de canais de comunicação no contexto do ensino de física e da deficiência visual. Linguagens com essa estrutura empírica não proporcionam a alunos cegos ou com baixa visão as mínimas condições de acessibilidade às informações veiculadas. Alunos com deficiência visual participantes de uma aula em que a presente estrutura empírica é aplicada encontram-se numa "condição de estrangeiro", pois recebem códigos auditivos que por estarem associados aos visuais são desprovidos de significado. Linguagens com a mencionada estrutura empírica são demasiadamente empregadas nos processos de veiculação de informações em sala de aula.

A expressão "Condição de estrangeiro" foi criada por mim para caracterizar a presença de discentes com deficiência visual em sala de aula onde a veiculação de informações se dá por meio de linguagens de estrutura empírica audiovisual interdependente. Nesse ambiente social, a condição do discente é semelhante à de um estrangeiro em um país de língua desconhecida. Por muitas ocasiões, tanto em aulas quanto em palestras, assumi e assumo essa condição

Saber trabalhar com linguagem matemática

Esse tema é pouco discutido na perspectiva da deficiência visual, é muito importante ao ensino de física e representa para discentes cegos ou com baixa visão uma grande barreira a ser superada. Docentes de física dificilmente sabem como lidar com esse tipo de situação. O problema envolve a relação triádica raciocínio/registro/observação dos cálculos. Como o deficiente visual, por utilizar o Braille, não observa simultaneamente o que escreve, a relação é destituída. Em Braille, a escrita ocorre na parte oposta do papel. Assim, para observar durante um cálculo aquilo que está registrando, um deficiente visual precisa retirar o papel da reglete, tatear o que registrou, voltar o papel à posição anterior e continuar o processo. Isso descredencia o Braille, em sua forma original, como alternativa para a realização de procedimentos matemáticos. É preciso o investimento no desenvolvimento de materiais que proporcionem condições para que esse discente, de forma simultânea, registre, observe aquilo que registra e raciocine. Um exemplo de material adequado à realização de cálculos por deficientes visuais é aquele desenvolvido por Tato (2009). Ele criou um dispositivo tátil (células táteis) que permite ao discente com deficiência visual a organização e manipulação de números e variáveis de forma simultânea. São células com códigos Braille registradas previamente e à disposição do usuário. Esse, por sua vez, escolhe um conjunto de células de acordo com seu interesse, organiza-as sobre uma placa metálica e manipula a posição delas. Para melhor fixação das peças, elas são imantadas.

Saber explorar as potencialidades comunicacionais das linguagens constituídas de estruturas empíricas de acesso visualmente independente

Na sequência, analiso o potencial comunicativo dessas.

Tátil-auditiva interdependente e tátil e auditiva independentes: possuem grande potencial comunicativo na medida em que são capazes de veicular significados vinculados às representações não visuais. Em outras palavras, utilizando-se de maquetes e de outros materiais possíveis de serem tocados e observados auditivamente, vinculam-se os significados às representações tátil e auditiva, e, por meio da estrutura mencionada, esses significados tornam-se acessíveis aos alunos cegos ou com baixa visão.

Fundamental auditiva e auditiva e visual independentes: essas estruturas possuem um potencial comunicacional atrelado ao detalhamento das informações veiculadas. Isso implica dizer que a qualidade da acessibilidade do aluno cego ou com baixa visão dependerá da intensidade descritiva oral dos significados que se pretendem comunicar. Descrição oral detalhada de gráficos, de tabelas, comportamento geométrico de raios e de fenômenos luminosos, passagens matemáticas, são exemplos do potencial comunicacional dessas estruturas empíricas. Nesse contexto, a utilização de recursos instrucionais visuais como lousa, data show, retroprojetor, não é necessariamente inconveniente. Tais recursos podem ser utilizados em salas de aulas que contenham alunos com deficiência visual, desde que o elemento "descrição oral detalhada" seja explorado ao máximo. É importante ressaltar que, na hipótese de a descrição oral tornar-se insuficiente ou limitada, a introdução de registros e esquemas táteis será sempre adequada e necessária para a veiculação de informações.

Saber realizar atividades comuns aos alunos com e sem deficiência visual

Uma dificuldade que esteve presente junto à utilização de linguagem tátil-auditiva interdependente foi a ocorrência de atividades particulares para o aluno com deficiência visual. A esse perfil educacional, denominei modelo 40+1. Essas atividades foram realizadas simultaneamente à aula ministrada para todos os alunos e visaram suprir dificuldades oriundas dessas aulas. Em linhas gerais, um dos licenciandos ministrava a aula, enquanto outros apresentavam explicações ao aluno B. Na maioria das vezes, essas explicações foram realizadas com o auxílio de maquetes táteis construídas previamente. Assim, embora a ocorrência das atividades particulares tenha tido como justificativa o atendimento adequado de necessidades educacionais, entendo, pelos motivos na sequência explicitados, que elas representaram dificuldade de âmbito metodológico para a inclusão do aluno com deficiência visual.

Como, durante a realização das atividades particulares, a aula ministrada para todos os alunos não previa a realização de atendimentos individualizados, tais atividades representaram uma diferenciação excludente. Em tais ambientes, os diálogos entre licenciando e aluno cego ocorriam em voz baixa, fato que explicita sua característica de incômodo à aula principal. Não se pode negar que as atividades particulares representaram uma das alternativas encontradas pelos licenciandos para o acesso do aluno com deficiência visual aos conteúdos físicos. Todavia, a realização de tais atividades evidencia as dificuldades enfrentadas por esses alunos na aula ministrada, que deveria, na hipótese de ser inclusiva, fornecer as condições à participação efetiva de todos.

Nas atividades particulares, temas discutidos, durante a aula, ou não foram abordados ou foram substituídos, diferenciando-se, portanto, daqueles trabalhados com os alunos videntes. Também eram enfocados temas abordados anteriormente nas aulas. Dessa forma, por vezes, assuntos interessantes ao aluno com deficiência visual não podiam ser por ele acompanhado no momento em que eram apresentados.

As atividades particulares, portanto, constituíram ambientes separados de ensino e representam uma dificuldade metodológica a ser superada. Atendimentos particularizados observados em aulas que previam tal prática junto a todos os alunos não foram considerados atividades particulares. Isso implica dizer que a posição que adoto não é contrária à realização de atendimentos particularizados para quaisquer alunos, e sim, àqueles que representam ambientes separados de ensino.

Saber promover interação entre discentes com e sem deficiência visual, utilizando em tal interação os materiais de interfaces tátil-visuais

As atividades devem ser organizadas prioritariamente em razão de contextos comunicacionais que favoreçam a interatividade entre seus participantes. Recomendo contextos educacionais interativo/dialógico de forma intercalada ao interativo/de autoridade, sendo o primeiro reservado a momentos de discussão, exposição de ideias, de dúvidas etc.; e o segundo, a momentos em que o professor posiciona o conhecimento científico. A interatividade aproxima o aluno com deficiência visual de seus colegas videntes e professor, e tal aproximação faz que esses participantes busquem formas adequadas de comunicação. Não devem ser descartados os contextos não interativos, que podem ser utilizados como elementos organizacional e diretivo. Como elemento organizacional, destaco o contexto não interativo/dialógico, que favorece ao docente a realização de sínteses das ideias dos alunos, a constatação de similaridades e diferenças entre as ideias dos discentes etc. Como elemento diretivo, destaco o contexto não interativo/de autoridade, que favorece ao docente a apresentação das ideias aceitas cientificamente.

CONSIDERAÇÕES FINAIS

Neste livro, apresentei a importância e a carência de trabalhos que enfoquem questões inerentes à atuação docente em sala de aula que contemple a presença de alunos com e sem deficiência visual. Na linha de uma política de educação inclusiva, essa é a tendência que se mostra atual e definitiva nas escolas brasileiras. Propus-me então a desenvolver uma investigação que identificasse saberes docentes necessários para a inclusão dos alunos com deficiência visual em aulas de física. Essa investigação teve início em 2005 com o desenvolvimento de um projeto de pós-doutorado e teve sequência com o desenvolvimento de um plano trienal de atividades.

Na primeira etapa, identifiquei dificuldades e viabilidades inerentes ao processo de planejamento de atividades de ensino de física para alunos com e sem deficiência visual (Camargo, 2006, 2008). A continuidade investigativa revelou-me saberes necessários para a condução prática de atividades de ensino de física em ambiente que contemple a presença de alunos cegos e/ou com baixa visão.

Verifiquei que a comunicação desenvolvida em sala de aula possui potencial significativo para a participação efetiva de discentes com deficiência visual em aulas de física. Uma comunicação adequada contribui à inclusão, enquanto uma inadequada pode deixar os referidos discentes de fora de situações de ensino/aprendizagem. Outra variável central refere-se aos contextos discursivos das aulas. Contextos interativos mostraram-se mais adequados para a promoção de participação efetiva de discentes com deficiência visual, ao mesmo tempo que os não interativos, se enfocados adequadamente, podem favorecer processos diretivos necessários à apresentação de conteúdos e fenômenos físicos.

Dificuldades relacionadas à operação matemática também se mostraram presentes. Esse tema, por sinal, constitui grande preocupação por parte dos docentes que ministram física em ambiente que contempla a presença de discentes cegos ou com baixa visão. Como mostrei, o Braille, em sua forma tradicional, não contribui para a resolução de cálculos pelos deficientes visuais, pois sua sistemática impede a constituição de referenciais mnemônicos necessários durante os procedimentos de resolução de equações. Isso não significa que discentes cegos ou com baixa visão devem ser privados da resolução de problemas físicos que envolvem matemática. É necessário o investimento em pesquisas que revelem possibilidades de esse discente possuir os referenciais mnemônicos. A pesquisa de Tato (2009) é um bom exemplo disso. Esse, portanto, é um tema diretamente relacionado com a ideia de inclusão, ou seja, aquela que coloca em movimento os ambientes sociais exigindo que esses se mobilizem no sentido da adequação à diversidade.

O procedimento investigativo ocorreu de acordo com quatro etapas básicas: (a) elaboração de planos de ensino de física; (b) aplicação prática desses planos; (c) processo de organização dos dados constituídos; (d) análise dos dados por meio de critérios de análise de conteúdo.

Conjuntamente ao processo analítico, procurei fundamentar teoricamente a investigação, ou seja, apresentei e discuti a ideia de saber docente. Tal fundamentação apoiou-se no trabalho de Carvalho e Gil-Peres (1994). Dessa forma, busquei agregar os saberes identificados à lista apresentada pelos autores mencionados. Não fiz isso com o entendimento de que tais saberes constituem um corpo fechado e definitivo de conhecimentos, e sim com a perspectiva de contribuir para a prática de sala de aula e de abrir uma nova discussão sobre o ensino de física, isto é, aquela relacionada à influência das percepções sensoriais nos significados de fenômenos e ideias físicas.

Nesse sentido, gostaria de enfatizar positivamente a questão da deficiência visual destacando sua contribuição ao ensino de física de todos os alunos. Dito de outro modo, a ausência de visão mostra que existem significados físicos cuja representação visual não ajuda em nada para sua compreensão, podendo, ainda, dificultar ou mesmo impedir seu entendimento. Além disso, busquei desmistificar o ensino de óptica, mostrando que muitos de seus significados não são indissociáveis de representações visuais, e, portanto, mostram-se plenamente acessíveis aos discentes cegos.

Para finalizar, gostaria de deixar uma lista de questões não respondidas e que podem motivar futuras investigações sobre a temática do ensino de física e da deficiência visual.

Qual é a relação entre conteúdo físico e os padrões discursivos? Ou seja, que conteúdos devem ser abordados de acordo com padrões interativos e/ou dialógico e quais devem receber um enfoque mais diretivo?

Quais são os significados físicos que podem ser considerados indissociáveis de determinada percepção e quais são os que podem ser entendidos como vinculados?

Que características devem possuir as simulações computacionais ou os softwares destinados ao ensino de física de alunos com e sem deficiência visual?

São os programas de interface auditiva Dosvox, Virtual Vision e Jaws úteis como referenciais mnemônicos para a resolução de problemas físicos que envolvem cálculos?

Deve o docente de física saber o Braille ou esse conhecimento deve ser exclusividade do docente da sala de apoio?

De que maneira deve se dar o ensino das cores para alunos totalmente cegos de nascimento?

Espero ter contribuído com o ensino de física dos alunos com e sem deficiência visual. Espero também ter apresentado um conjunto de novas questões que indiquem o caminho para a promoção de inclusão dos alunos com deficiência visual nas aulas de física. Espero, ainda, que alguns dos saberes aqui indicados (especificamente aqueles ligados à comunicação) sejam úteis para outras disciplinas do currículo.

Referências Bibliográficas

ALMEIDA, D. R.V. et al. Ensino de óptica para alunos com deficiência visual: análise de concepções alternativas. In: ENCONTRO NACIONAL DE PESQUISA EM EDUCAÇÃO EM CIÊNCIAS, V., Bauru, 2005. *Anais...* CD-Rom, Bauru, Abrapec, 2005.

BAJO, M.; CAÑAS, J. Las imágenes mentales. In: RUIZ VARGAS, J. *Psicología de la memoria.* Madrid: Alianza Editorial, 1991. p.267-88.

BARDIN, L. *Análise de conteúdo.* Lisboa: Edições 70, 1977. 225p.

BORGES, J. C. S. et al. Ensino da Lei de Lenz adaptado para a deficiência visual: um experimento com circuito oscilador. In: ENCONTRO DE PESQUISA EM ENSINO DE FÍSICA, XI., Curitiba, 2008. *Anais...* CD-Rom, Curitiba, SBF, 2008.

BRASIL. Decreto n.5.296, de 2 de dezembro de 2004. Regulamenta as Leis n.10.048, de 8 de novembro de 2000, que dá prioridade de atendimento às pessoas que especifica, e n.10.098, de 19 de dezembro de 2000, que estabelece normas gerais e critérios básicos para a promoção da acessibilidade das pessoas portadoras de deficiência ou com mobilidade reduzida, e dá outras providências. *Diário Oficial da União.* Brasília, 2004.

_____. *Parâmetros Curriculares Nacionais*: Adaptações Curriculares. Brasília, 1998. Disponível em: <www.educacaoonline.pro.br/adaptacoes_curriculares. asp>. Acesso em: 10 maio 2005.

CAMARGO, E. P. *Um estudo das concepções alternativas sobre repouso e movimento de pessoas cegas.* Bauru, 2000, 218f. Tese (Mestrado em Educação para a Ciência) – Faculdade de Ciências, *campus* de Bauru, Universidade Estadual Paulista "Júlio de Mesquita Filho".

270 EDER PIRES DE CAMARGO

_____. Considerações sobre o ensino de física para deficientes visuais de acordo com uma abordagem sócio-interacionista. In: ENCONTRO NACIONAL DE PESQUISA EM EDUCAÇÃO EM CIÊNCIAS, III., Atibaia, 2001. *Anais...* CD-Rom, Atibaia, Abrapec, 2001.

_____. O ensino de física e os portadores de deficiência visual: aspectos da relação de suas concepções alternativas de repouso e movimento com modelos históricos. In: ENCONTRO NACIONAL DE PESQUISA EM ENSINO DE FÍSICA, VIII., Águas de Lindóia, 2002. *Anais...* CD-Rom Águas de Lindóia, SBF, 2002.

_____. *A formação de professores de física no contexto das necessidades educacionais especiais de alunos com deficiência visual*: o planejamento de atividades de ensino de física. 2006. Projeto (Pesquisa de pós-doutorado vinculado ao programa de educação para a ciência, área de concentração: ensino de ciências – Processo Fapesp n.04/13339-7) – Faculdade de Ciências, Universidade Estadual Paulista. Bauru, 2006.

_____. *Ensino de física e deficiência visual*: dez anos de investigações no Brasil. São Paulo: Plêiade/Fapesp, 2008.

_____. *Ensino de óptica para alunos cegos*: possibilidades. Curitiba: CRV, 2011.

CAMARGO, E. P.; NARDI, R. Dificuldades e alternativas iniciais encontradas por licenciandos para a elaboração de atividades de ensino de física para alunos com deficiência visual: In: ENCONTRO NACIONAL DE PESQUISA EM EDUCAÇÃO EM CIÊNCIAS, V., Bauru, 2005. *Anais...* CD-Rom, Bauru, Abrapec, 2005.

_____. *Um estudo sobre a formação do professor de física no contexto das necessidades educacionais especiais de alunos com deficiência visual.* In: ENCONTRO DE PESQUISA EM ENSINO DE FÍSICA, X., Londrina, 2006. *Anais...* CD-Rom, Londrina, SBF, 2006.

_____. Planejamento de atividades de ensino de mecânica para alunos com deficiência visual: dificuldades e alternativas. In: SIMPÓSIO NACIONAL DE ENSINO DE FÍSICA, XVII., São Luis, 2007. *Anais...* CD-Rom, São Luis, SBF, 2007a.

_____. Ensino de conceitos de física moderna para alunos com deficiência visual: dificuldades e alternativas encontradas por licenciandos para o planejamento de atividades. In: SIMPÓSIO NACIONAL DE ENSINO DE FÍSICA, XVII., São Luis, 2007. *Anais...* CD-Rom, São Luis, SBF, 2007b.

CAMARGO, E. P.; SCALVI, L. V. A. Estudo das concepções espontâneas sobre repouso e movimento de portadores de deficiência visual. In: SIMPÓSIO NACIONAL DE ENSINO DE FÍSICA, XIII., Brasília, 1999. *Anais...*, Brasília, SBF, 1999.

SABERES DOCENTES PARA A INCLUSÃO DO ALUNO... 271

————. Concepções sobre repouso e movimento do deficiente visual e modelos históricos. In: ENCONTRO DE PESQUISA EM ENSINO DE FÍSICA, VII., Florianópolis, 2000. *Anais...* CD-Rom, Florianópolis, SBF, 2000.

CAMARGO, E. P.; SILVA, D. Trabalhando o conceito de aceleração com alunos com deficiência visual: um estudo de caso. In: SIMPÓSIO NACIONAL DE ENSINO DE FÍSICA, XV., Curitiba, 2003. *Anais...* CD-Rom, Curitiba, SBF, 2003a.

————. Atividade e material didático para o ensino de física a alunos com deficiência visual: queda dos objetos. In: ENCONTRO NACIONAL DE PESQUISA EM EDUCAÇÃO EM CIÊNCIAS, IV., Bauru, 2003. *Anais...* CD-Rom, Bauru, Abrapec, 2003b.

————. Ensino de física para alunos com deficiência visual: atividade que aborda a posição de encontro de dois móveis por meio de um problema aberto. In: ENCONTRO DE PESQUISA EM ENSINO DE FÍSICA, IX., Jaboticatubas, 2004. *Anais...* CD-Rom, Jaboticatubas, SBF, 2004a.

————. Desmistificar a deficiência visual como primeiro passo para ações educativas de física. In: CONGRESSO REGIONAL DE EDUCAÇÃO, 5., São José do Rio Pardo, 2004. *Anais...* CD-Rom, São José do Rio Pardo, Unifeob, 2004b.

————. Ensino de física e alunos com deficiência visual: análise e proposta de procedimentos docentes de condução de atividades de ensino. In: ENCONTRO NACIONAL DE PESQUISA EM EDUCAÇÃO EM CIÊNCIAS, V., Bauru, 2005. *Anais...* CD-Rom, Bauru, Abrapec, 2005.

CAMARGO, E. P. et al. Trabalhando conceitos de óptica e eletromagnetismo com alunos com deficiência visual e videntes. In: ENCONTRO DE PESQUISA EM ENSINO DE FÍSICA, X., Londrina, 2006. *Anais...* CD-Rom, Londrina, SBF, 2006.

CAMARGO, E. P. et al. Inclusão no ensino de física: materiais adequados ao ensino de eletricidade para alunos com e sem deficiência visual. In: SIMPÓSIO NACIONAL DE ENSINO DE FÍSICA, XVIII., Vitória, 2009. *Anais...* CD-Rom, Vitória, SBF, 2009a.

CAMARGO, E. P. et al. Ensino de física e deficiência visual: diretrizes para a implantação de uma nova linha de pesquisa. In: SIMPÓSIO NACIONAL DE ENSINO DE FÍSICA, XVIII, Vitória, 2009. *Anais...* CD-Rom, Vitória, SBF, 2009b.

CAMARGO, E. P. et al. A comunicação como barreira à inclusão de alunos com deficiência visual em aulas de termologia. In: ENCONTRO NACIONAL DE PESQUISA EM EDUCAÇÃO EM CIÊNCIAS, VII., Florianópolis, 2009. *Anais...* CD-Rom, Florianópolis, Abrapec, 2009c.

CARVALHO, A. M. P.; GIL-PEREZ, D. *Formação de professores de ciências.* São Paulo: Cortez, 1994.

CARVALHO, E. N. S.; MONTE, F. R. F. *A educação inclusiva de portadores de deficiências em escolas públicas do DF.* Temas em Educação Especial III. São Paulo: Editora Universidade de São Carlos, 1995.

CASTRO, R. S.; CARVALHO, A. M. P. História da ciência. *Caderno Catarinense de Ensino de Física,* Florianópolis, v.9, n.3, 1992.

COMPIANI, M. A dinâmica discursiva nas salas de aula de ciências. In: ENCONTRO INTERNACIONAL LINGUAGEM, CULTURA E COGNIÇÃO: REFLEXÕES PARA O ENSINO, 2., Belo Horizonte, 2003. *Anais...* CD-Rom, Belo Horizonte, UFMG, 2003, 12p.

DIMBLERY, R.; BURTON, G. *Mais do que palavras:* uma introdução à teoria da comunicação. 4. ed. São Paulo: Cortez, 1990.

DUARTE, A. C. S. Aprendizagem de ciências naturais por deficientes visuais: um caminho para a inclusão. In: ENCONTRO NACIONAL DE PESQUISA EM EDUCAÇÃO EM CIÊNCIAS, V., Bauru, 2005. *Anais...* CD-Rom, Bauru, Abrapec, 2005.

EISENCK, M.; KEANE, M. *Cognitive psychology:* a student's handbook. London: Erlbaum, 1991.

FERREIRA, A. C.; DICKMAN, A. G. Ensino de física a estudantes cegos na perspectiva dos professores. In: ENCONTRO NACIONAL DE PESQUISA EM EDUCAÇÃO EM CIÊNCIAS, VI., Florianópolis, 2007. *Anais...* CD-Rom, Florianópolis, Abrapec, 2007.

FRANÇA, V. V. O objeto da comunicação: a comunicação como objeto. In: HOHLFELDT, A. et al. (Org.) *Teoria da comunicação:* conceitos, escolas e tendências. 5. ed. Petrópolis: Vozes, 2005. p.39-60.

FRANCO, M. L. P. B. *Análise de conteúdo.* Brasília: Plano, 2003.

GASPAR, A. Introdução à eletricidade. In: GASPAR, A. *Física, eletromagnetismo.* São Paulo: Ática, 2000a. v.3.

_____. Energia. In: GASPAR, A. *Física, mecânica.* São Paulo: Ática, 2000b. v.1.

GERALDI, J. W. Recuperando as práticas de interlocução na sala de aula (Entrevista). *Presença Pedagógica,* Belo Horizonte, v.4, n.24, p.5-19, 1998.

GIL-PÉREZ, D. G. et al. Puede hablarse de consenso constructivista en la educación científica? *Enseñanza de la Ciencia,* v.18, n.1, 1999.

HEWITT, P. G. *Física conceitual.* 9.ed. Porto Alegre: Bookman, 2002.

LEONTIEV, A. N. Uma contribuição à teoria do desenvolvimento da psique infantil. In: VIGOTSKI, L. S.; LURIA, A. R.; LEONTIEV, A. N. *Linguagem, desenvolvimento e aprendizagem.* São Paulo: Cortez, 1988.

LIBÂNEO, J. C. *Didática*. São Paulo: Cortez, 1994.

MACHADO, D. I. *Construção de conceitos de física moderna e sobre a natureza da ciência com o suporte da hipermídia*. 2006. 300f. Tese (Doutorado em Educação para a Ciência) – Faculdade de Ciências, Universidade Estadual Paulista "Júlio de Mesquita Filho". Bauru, 2006.

MARTELLI, V. et al. Uma proposta para a inclusão de alunos deficientes visuais nas aulas de física do ensino médio. In: SIMPÓSIO NACIONAL DE ENSINO DE FÍSICA, XV., Curitiba, 2003. *Anais...* CD-Rom, Curitiba, SBF, 2003.

MARTINO, L. C. De qual comunicação estamos falando? In: HOHLFELDT, A.; MARTINO, L. C.; FRANÇA, V. V. (Org.) *Teoria da comunicação*: conceitos, escolas e tendências. 5. ed. Petrópolis: Vozes, 2005. p.11-25.

MASINI, E. F. S. Impasses sobre o conhecer e o ver. In: *O perceber e o relacionar-se do deficiente visual*: orientando professores especializados. Brasília: Corde, 1994.

MEDEIROS, A. A. et al. Uma estratégia para o ensino de associação de resistores em série/paralelo acessível a alunos com deficiência visual. In: SIMPÓSIO NACIONAL DE ENSINO DE FÍSICA, XVII., São Luis, 2007. *Anais...* CD-Rom, São Luis, SBF, 2007.

MEGID NETO, J. Sobre as pesquisas em ensino de Física nós podemos saber, mas como socializar esses conhecimentos? In: ENCONTRO DE PESQUISA EM ENSINO DE FÍSICA, VII., 2000, Florianópolis. *Anais eletrônicos* (CDR). Florianópolis: UFSC, 2000.

MITTLER, P. *Educação inclusiva: contextos sociais*. São Paulo: Artmed, 2003.

MONTEIRO, M. A. A. *Interações dialógicas em aulas de ciências nas séries iniciais*: um estudo do discurso do professor e as argumentações construídas pelos alunos. 2002. 204p. Dissertação (Mestrado em Educação para a Ciência) – Faculdade de Ciências, Universidade Estadual Paulista "Júlio de Mesquita Filho". Bauru, 2002.

MORRONE, V. et al. Conceituando corrente e resistência elétrica por meio das sensações e percepções humanas: um experimento para aprendizagem significativa de alunos com deficiência visual. In: ENCONTRO DE PESQUISA EM ENSINO DE FÍSICA, XI., Curitiba, 2008. *Anais...* CD-Rom, Curitiba, SBF, 2008.

MORTIMER, E. F.; SCOTT, P. H. Atividade discursiva nas salas de aula de ciências: uma ferramenta sociocultural para analisar e planejar o ensino. *Investigações em Ensino de Ciências*, Porto Alegre, v.7, n.3, 2002.

NARDI, R. *Pesquisas em ensino de física*. 2.ed. São Paulo: Escrituras, 2001.

PARRA, N.; PARRA, I. C. C. *Técnicas audiovisuais de educação*. 5.ed. São Paulo: Pioneira, 1985.

PAZÊTO, F. Outras percepções no ensino de física. In: SIMPÓSIO NACIONAL DE ENSINO DE FÍSICA, XVI, Rio de Janeiro, 2005. *Anais...* CD-ROM, Rio de Janeiro, SBF, 2005.

POSNER, G. J. et al. Accommodation of a specific conception: towards a theory of conceptual change. *Science Education*, v.66, n.2, p.211-27, 1982.

RODRIGUES, A. J. Contextos de aprendizagem e integração/inclusão de alunos com necessidades educativas especiais. In: RIBEIRO, M. L. S.; BAUMEL, R. C. R. (Org.) *Educação especial: do querer ao fazer*. São Paulo: Avercamp, 2003. p.13-26

SANTOS, L. T. O olhar do deficiente visual para o ensino de física. In: ENCONTRO DE PESQUISA EM ENSINO DE FÍSICA, VII, Florianópolis, 2000. *Anais...* CD-Rom, Florianópolis, SBF, 2000.

SASSAKI, R. K. *Inclusão: construindo uma sociedade para todos*. 5. ed. Rio de Janeiro: WVA Editora, 1999.

SILVA, D.; BARROS FILHO, J. Evaluacion de situaciones de enseñanza: actividades coherentes con los apportes constructivistas. In: *Atas Foro de la Academia de Ciencias de America Latina (ACAL): "Enseñanza de las Ciencias en la Educación Básica en América Latina: Encuentro de Educadores e investigadores Científicos"*. p.1-21 [CD-Rom]. Special Issue: Educação em Física, v. 7, n.1(19), p.41-57, 1997.

SOLER, M. A. *Didáctica multisensorial de las ciencias*. Barcelona: Paidós Ibérica, 1999. p.237.

TARDIF, M. *Saberes docentes e formação profissional*. 4.ed. Petrópolis: Vozes, 2004.

TATO, A. L. *Material de equacionamento tátil para usuários do sistema Braille*, 2009. 84f. Dissertação (Mestrado) – Centro Federal de Educação Tecnológica "Celso Suckow da Fonseca" (Cefet/RJ). Rio de Janeiro, 2009.

TATO, A. L.; BARBOSA LIMA, M. C. Material de equacionamento tátil para portadores de deficiência visual. In: ENCONTRO NACIONAL DE PESQUISA EM EDUCAÇÃO EM CIÊNCIAS, VI., Florianópolis, 2007. *Anais...* CD-Rom, Florianópolis, Abrapec, 2007.

VIGOTSKI, L. S. Fundamentos de defectologia: el niño ciego. In: *Problemas especiales da defectologia*. Havana: Editorial Pueblo Y Educación, 1997. p.74-87.

WHEATLEY, G. H. Construtivist Perspectives on Science and Mathematics Learning. *Science Education*, v.75, n.1, 1991.

YOUNG, H. D.; FREEDMAN, R. A. *Sears $ Zemansky*: Física I – Mecânica. 10.ed. São Paulo: Editora Pearson/Prentice Hall, 2003.

ZABALA, A. *A prática educativa*: como ensinar. Porto Alegre: Artmed, 1998.

SOBRE O LIVRO

Formato: 14 x 21 cm
Mancha: 23,7 x 42,5 paicas
Tipologia: Horley Old Style 10,5/14
Papel: Offset 75 g/m² (miolo)
Cartão Supremo 250 g/m² (capa)
1ª edição: 2012

EQUIPE DE REALIZAÇÃO

Coordenação Geral
Marcos Keith Takahashi

Impressão e Acabamento:

psi7

Printing Solutions & Internet 7 S.A